Vinod Kumar Verma

Uma abordagem pervasiva às redes de sensores sem fios distribuídas

Vinod Kumar Verma

Uma abordagem pervasiva às redes de sensores sem fios distribuídas

ScienciaScripts

Imprint

Cover image: www.ingimage.com

This book is a translation from the original published under ISBN 978-3-659-85143-8.

Publisher:
Sciencia Scripts
is a trademark of
Dodo Books Indian Ocean Ltd. and OmniScriptum S.R.L publishing group

120 High Road, East Finchley, London, N2 9ED, United Kingdom
Str. Armeneasca 28/1, office 1, Chisinau MD-2012, Republic of Moldova, Europe
Printed at: see last page
ISBN: 978-620-8-36482-3

ÍNDICE DE CONTEÚDOS

DEDICAÇÃO

À minha maravilhosa mãe, ao meu pai, às minhas irmãs, ao meu irmão, à minha mulher e ao meu filho pelo seu amor, orientação e inspiração constantes

RESUMO

As redes de sensores sem fios estão a ser cada vez mais utilizadas em aplicações em que o baixo consumo de energia e o baixo custo são as principais considerações. Com o aumento da utilização, a sua fiabilidade, disponibilidade e facilidade de manutenção têm de ser abordadas desde o início. Os esquemas convencionais de adição de nós redundantes e de incorporação da fiabilidade nos protocolos de controlo podem efetivamente melhorar apenas a fiabilidade da RSSF no seu conjunto.

Os nós sensores sem fios podem ser implantados num campo de batalha e organizar-se numa rede ad-hoc de grande escala. Os protocolos de encaminhamento tradicionais não têm em conta o facto de um nó conter apenas uma fonte de energia limitada. O encaminhamento ótimo tenta maximizar a duração da tarefa de deteção, mas requer conhecimento futuro. Como isto não é realista, derivamos uma orientação prática baseada no histograma de energia e desenvolvemos um espetro de novas técnicas para melhorar o encaminhamento em redes de sensores.

AGRADECIMENTOS

Todos os louvores ao Todo-Poderoso. Agradeço a todos aqueles que me ajudaram neste trabalho, desde o início.

Uma palavra especial de agradecimento ao meu pai e à minha mãe, que me motivaram sempre pelo seu apoio e orientação contínuos durante o meu trabalho.

Um agradecimento especial aos outros membros da minha família, que me apoiaram e motivaram continuamente. Não teria sido capaz de concluir este trabalho se não fosse por eles.

O mais importante de tudo: graças a Deus, que merece todo o crédito. Porque nada é possível sem Ele.

LISTA DE ABREVIATURAS

ADC	analogue to digital converter
AODV	ad hoc on demand distance vector
COMPOW	minimum common power setting
CPU	central processing unit
CSMA	carrier sense multiple access
CSMA-CA	carrier sense multiple access with collision avoidance
CBTC	cone based topology control
DARPA	Defense Advanced Research Projects Agency
DD	directed diffusion
DSN	distributed sensor networks
GHz	gigahertz
G-MAC	data gathering MAC
GPS	global positioning system
IEEE	Institute of Electrical and Electronic Engineers
IP	internet protocol
kB	kilobyte
kbps	kilobits per second
LAN	local area network
LEACH	low energy adaptive clustering hierarchy
LMST	local minimum spanning tree construction
MAC	medium access control
mAh	milliamp hour
MACA	medium access with collision avoidance
Mbps	megabits per second
MECH	maximum energy cluster head
MECN	minimum energy connected network construction
MHz	megahertz
MIT	Massachusetts Institute of Technology
PAMAS	power aware medium access signaling
PEGASIS	power efficient gathering in sensor information system
PHY	physical
SPIN	sensor information via negotiation
TDoA	distance estimation using time differences
T-MAC	timeout MAC
WSN	wireless sensor network

CAPÍTULO 1

INTRODUÇÃO

Os recentes avanços tecnológicos permitem-nos prever um futuro em que um grande número de dispositivos sensores de baixa potência e pouco dispendiosos está densamente incorporado no ambiente físico, funcionando em conjunto numa rede sem fios. As aplicações destas redes sem fios são muito variadas: monitorização do habitat ecológico, monitorização do estado das estruturas, deteção de contaminantes ambientais, controlo de processos industriais e localização de alvos militares, etc. As redes de sensores sem fios estabelecem uma ponte entre o mundo virtual da tecnologia da informação e o mundo físico real. Embora a ligação em rede de sensores distribuídos e a sua utilização em aplicações militares e industriais remonte à década de 1970, os primeiros sistemas eram essencialmente com fios e de pequena escala. Só na década de 1990, quando a tecnologia sem fios e a conceção de VLSI de baixa potência se tornaram viáveis, os investigadores começaram a prever e a investigar redes de sensores sem fios incorporadas em grande escala para aplicações de deteção. Um dos primeiros esforços neste sentido foi o projeto de micro-sensores integrados sem fios de baixa potência (LWIM) da UCLA, financiado pelo DAPRA. Outros projectos iniciais nesta área foram também desenvolvidos em universidades do MIT, Berkley e USC, com início por volta de 1999-2000. Os investigadores de Berkley incorporaram dispositivos de ligação em rede de sensores sem fios denominados motes, que foram disponibilizados comercialmente juntamente com o sistema operativo Tiny (TinyOS), que facilita a utilização destes dispositivos. Estes dispositivos são facilmente programáveis, totalmente funcionais; uma plataforma relativamente barata para fins experimentais e a sua utilização real tem desempenhado um papel significativo na atual revolução das redes de sensores.

1.1 Âmbito de aplicação

O âmbito deste livro reflecte a avaliação de protocolos de encaminhamento energeticamente eficientes para RSSFs que possam ser facilmente implementados em nós de RSSFs existentes. Apesar de existirem numerosas propostas de protocolos de encaminhamento para RSSF, continua a haver uma grande necessidade de novos protocolos que possam prolongar o tempo de vida da rede, que possam ser facilmente implementados em nós utilizando a tecnologia atual e que possam ser utilizados em redes de qualquer dimensão.

1.2 Motivação

As redes de sensores sem fios são uma tecnologia emergente que será utilizada em cada vez mais aplicações à medida que o estado da arte das tecnologias de comunicação, deteção e energia avança. O principal desafio de conceção dos nós das RSSF é a eficiência energética em todas as camadas da pilha de protocolos. De acordo com [3], a energia da bateria de um nó é consumida por: (i) processamento computacional e (ii) transmissão e receção de dados. Estes dois factores são controlados pela camada de rede. Uma camada de rede eficiente em termos energéticos pode reduzir o número de mensagens enviadas por um nó, bem como a complexidade do cálculo das trajectórias de encaminhamento, maximizando assim o tempo de vida do nó. Os protocolos de encaminhamento especificamente concebidos para as RSSF apareceram pela primeira vez na literatura no final da década de 1990. As restrições específicas impostas por uma RSSF exigem a utilização de protocolos de encaminhamento especiais. Os protocolos de roteamento para RSSFs podem ser classificados com base na estrutura da rede, como plana ou hierárquica. Nas redes planas, todos os nós são iguais e podem participar igualmente na tarefa de encaminhamento. As redes hierárquicas, por outro lado, exigem que alguns nós controlem a comunicação de outros nós. Os protocolos planos são mais eficientes para utilização nas RSSF do que os protocolos hierárquicos, devido ao facto de serem mais escaláveis, exigirem geralmente o envio de menos mensagens e serem mais simples em termos de requisitos computacionais. Os protocolos de encaminhamento podem ainda ser subdivididos em protocolos iniciados na origem e protocolos iniciados no destino. Os nós que utilizam protocolos iniciados na origem enviam dados periodicamente ou em resposta a determinados eventos no seu ambiente. No encaminhamento iniciado pelo destino, os nós só enviam dados em resposta a um pedido de dados. O inconveniente dos protocolos iniciados pelo destino é o facto de os pedidos serem normalmente inundados através da rede, esgotando as fontes de energia dos nós. Por conseguinte, a operação iniciada pela fonte pode alcançar uma maior eficiência energética. Os protocolos de encaminhamento plano propostos na literatura geralmente requerem um número excessivo de mensagens para a transferência de dados ([4], [5], [6], [7], [8]), são computacionalmente complexos [9], exigem que os nós sensores tenham determinadas capacidades físicas ([10], [9], [11]) ou requerem uma determinada estrutura de rede ([10], [11], [12]) para que o protocolo funcione. O problema abordado por esta investigação é a falta de um protocolo de encaminhamento para RSSF que seja eficiente em termos energéticos, possa ser utilizado numa rede de sensores geral e não imponha requisitos de hardware.

1.3 Objectivos do livro

O objetivo deste livro é explorar um protocolo de encaminhamento de RSSF que tenha as seguintes caraterísticas:

1. O protocolo deve ser escalável e funcionar eficazmente em redes de qualquer dimensão.

2. O protocolo tem de minimizar o número de transmissões efectuadas por um nó da RSSF.

3. O protocolo tem de minimizar o processamento computacional que os nós têm de efetuar durante o encaminhamento.

4. O protocolo deve ser computacionalmente simples e simples de implementar.

5. O protocolo não deve depender das capacidades de hardware dos nós.

Os objectivos do protocolo de encaminhamento a analisar podem ser resumidos em: escalabilidade, eficiência energética, simplicidade e praticidade.

1.4 Metodologia de pesquisa para aprimoramento de protocolos de roteamento

Uma componente fundamental da conceção de qualquer protocolo de encaminhamento é o conhecimento e a compreensão dos factores que influenciam a rede específica a que se destina o protocolo de encaminhamento. Por conseguinte, foi efectuado um estudo exaustivo da literatura para identificar e investigar os factores que influenciam a conceção dos protocolos de encaminhamento das RSSF. O estudo da literatura também inclui uma investigação sobre os protocolos de encaminhamento de RSSF disponíveis, a fim de identificar os problemas comuns enfrentados por esses protocolos. Foi concebido um novo protocolo, tendo em consideração os requisitos específicos das RSSF e as falhas comuns dos protocolos disponíveis. O protocolo desenvolvido foi simulado para verificar a sua funcionalidade e comparado, em simulação, com outros protocolos disponíveis, para verificar a sua melhoria no tempo de vida da rede em relação a esses protocolos.

1.5 Visão geral

Os sensores integrados nas estruturas, nas máquinas e no ambiente, juntamente com o fornecimento eficiente das informações detectadas, podem trazer enormes benefícios para a sociedade. Os benefícios políticos incluem a redução de falhas catastróficas, a conservação dos recursos naturais, a melhoria da produtividade da produção, a melhoria da resposta a emergências e o reforço da segurança interna [13]. Os feixes de fios de chumbo e as "caudas" de fibra ótica estão sujeitos a quebras e falhas nos conectores. Os feixes de fios compridos representam um custo significativo de instalação e de manutenção a longo prazo, limitando o número de sensores que podem ser instalados e, por conseguinte, reduzindo a qualidade global dos dados comunicados. As redes de sensores sem fios podem eliminar estes custos, facilitando a instalação e eliminando os conectores. As recentes melhorias tecnológicas tornaram realidade a implantação de pequenos dispositivos distribuídos, baratos e de baixa potência, capazes de processamento local e de comunicação sem fios. É agora possível integrar sensores, comunicações por rádio e eletrónica digital num único pacote de circuitos integrados (CI). Esta capacidade permite que redes de sensores de muito baixo custo sejam capazes de comunicar entre si utilizando protocolos de encaminhamento de dados sem fios de baixo consumo. Estes nós são designados por redes de sensores sem fios.

CAPÍTULO 2

REDES DE SENSORES SEM FIOS

2.1 Evolução das RSSF

O desenvolvimento de redes de sensores foi iniciado pelos Estados Unidos durante a Guerra Fria [14]. Uma rede de sensores acústicos foi colocada em locais estratégicos no fundo do oceano para detetar e seguir os submarinos soviéticos. Este sistema de sensores acústicos foi designado por Sound Surveillance System (SOSUS). Durante o mesmo período, os Estados Unidos também instalaram redes de radares para defesa aérea. Estas redes de sensores utilizavam o processamento hierárquico, em que os dados são processados em diferentes camadas até que os dados de interesse cheguem ao utilizador. Os operadores humanos desempenhavam um papel importante nestes sistemas. Ambas as redes de sensores eram redes com fios que não tinham as limitações de energia ou de largura de banda dos sistemas sem fios, dois dos principais problemas de conceção relacionados com os protocolos de encaminhamento das RSSF. No entanto, a investigação moderna sobre redes de sensores começou no início dos anos 80 na Defense Advanced Research Projects Agency (DARPA), nos Estados Unidos [14]. O programa de Redes de Sensores Distribuídos (DSN), como era conhecido, pressupunha uma rede com muitos nós sensores independentes e de baixo custo, distribuídos espacialmente, mas capazes de colaborar. A informação era encaminhada para o nó que melhor a pudesse utilizar. Em meados da década de 1980, o Massachusetts Institute of Technology (MIT) desenvolveu uma DSN de demonstração que consistia em sensores acústicos concebidos para seguir aeronaves que voavam a baixa altitude [14]. Foram utilizados microfones, dispostos em matrizes de seis, para a deteção acústica. Os nós dos veículos móveis eram constituídos por um computador e três processadores, com 256kB de memória e 512kB de memória partilhada, que processavam os sinais acústicos [14]. A energia era fornecida por um gerador acusticamente silencioso, montado na parte de trás do nó do veículo. Os nós comunicavam por rádio de micro-ondas e a Ethernet era utilizada para a comunicação por linha fixa. Um dos nós móveis do veículo é mostrado na Figura 2.1 e o suporte do equipamento do nó é mostrado na Figura 2.2. As redes de sensores sem fios têm

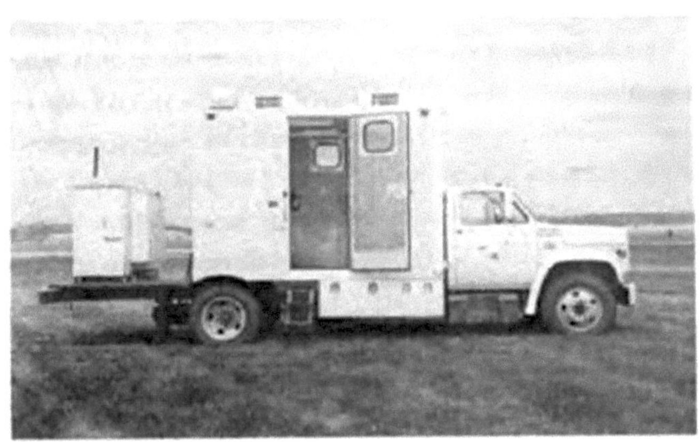

Figura 2.1: Nó DSN de veículo móvel do MIT [14].

Figura 2.2: Rack de equipamento de um nó DSN de um veículo móvel do MIT [14].

evoluíram imenso desde que a investigação sobre as RSSF começou no início da década de 1980. Um dos projectos mais recentes de RSSF é o projeto Wireless Self-Sustaining Sensor Network (WSSN) do Instituto de Tecnologia Informática da Universidade de Tecnologia de Viena (TUV) [15]. A investigação centrou-se no desenvolvimento de hardware de baixo custo e eficiente em termos energéticos e de um protocolo de controlo de acesso ao meio (MAC) eficiente em termos energéticos [16]. Um dos nós que foi desenvolvido é mostrado na Figura 2.3. Os três aspectos mais importantes

Figura 2.3: Um nó TUV WSSN é tão pequeno como um euro [16].

de qualquer nó sensor são o microcontrolador, a interface sem fios e a fonte de energia. Cada um dos nós WSSN tem um CPU RISC de 16 bits, 4MHz, com 8kB de memória flash e 256 bytes de RAM. A sua interface sem fios consiste num transcetor de 1Mbps, 2.4GHz. Estão equipados com um sensor de temperatura com uma precisão de ±0,5°C e uma interface analógica de 10 bits para um sensor opcional. As técnicas de conservação de energia empregues por estes nós são muito dignas de nota. Estes nós consomem, em média, cerca de 100μW de energia se forem assumidas determinadas condições ambientais, bem como o facto de cada nó receber e transmitir 120 bits de dados a cada cinco segundos. Estes nós seriam capazes de funcionar durante quase nove anos, se cada nó estivesse equipado com uma bateria de lítio de 3200mAh com uma tensão de entrada de 2V. Este tempo de vida útil é conseguido através da utilização de armazenamento de energia de última geração, bem como da recuperação de energia. Para o armazenamento, os nós WSSN utilizam uma combinação de ultracapacitores e acumuladores de lítio. A vantagem dos ultracapacitores é o facto de poderem absorver rapidamente grandes quantidades de energia, mas, em contrapartida, a sua corrente de fuga aumenta exponencialmente à medida que a tensão aplicada aumenta. Para a captação de energia, os nós utilizam células solares. As células solares utilizam o ambiente, mais especificamente o sol, para carregar os componentes de armazenamento de energia. Estas técnicas de conceção permitiram o desenvolvimento de nós muito pequenos que podem funcionar durante anos extraindo energia do ambiente. A Tabela 2.1 mostra a evolução dos nós sensores, tal como apresentada por Chong et al. [14].

Tabela 2.1: A evolução dos nós sensores [14].

	Década de 1980 - Década de 1990	2000 - 2005	2010	Até 2020
Fabricante	Empreiteiros personalizados	Besta Technology Inc.	Sensoria Corp. Ember Corp.	EDust Inc. e outros
Tamanho	Caixa de sapatos grande e superior	Um baralho de cartas numa caixa de sapatos pequena	Partícula minúscula	Partículas de poeira
Peso	Quilogramas e superior	Gramas	Nanogramas	Negligenciável
Nó Arquitetura	Separar a deteção, o processamento e a comunicação	Deteção, processamento e comunicação integrados	Deteção, processamento e comunicação integrados	Estrutura integrada completa
Topologia	Ponto a ponto, Estrela	Cliente servidor, ponto a ponto	Entre pares	Abordagem híbrida
Potência Fornecimento e Vida útil	Baterias grandes; Horas, dias e mais	Pilhas AA; Dias a semanas	Solar; Meses a anos	Energia solar e bateria; Anos e mais
Implantação	Sensores simples colocados em veículos ou lançados do ar	Colocado à mão	Incorporado, "polvilhado", deixado para trás	Totalmente integrado e incorporado

Pode ver-se no quadro 2.1 que a tecnologia de ponta disponível atualmente já ultrapassa largamente a que estava disponível em 2003 e está muito próxima do que se previa para 2010. Os nós sensores desenvolvidos pela TUV já utilizam painéis solares e, teoricamente, têm uma vida útil de alguns anos. Quando se comparam os nós do MIT de meados dos anos 80 com os recentes nós WSSN da TUV, verifica-se que houve enormes avanços tecnológicos no período de vinte anos. Os nós WSSN podem durar anos com recursos energéticos limitados, são muito pequenos, têm deteção, processamento e comunicações integrados, podem utilizar uma variedade de sensores para uma variedade de aplicações, podem ser implantados facilmente e em grande número e são de baixo custo. Os nós do MIT, por sua vez, precisavam de um gerador para obter energia, eram muito grandes, tinham sistemas de deteção, processamento e comunicação separados, foram especificamente concebidos para a deteção acústica, não eram fáceis de instalar, eram instalados em pequeno número e eram caros. Se o tamanho de um nó sensor autossustentável pode ser reduzido do tamanho de um veículo a motor, no caso do nó do MIT, para o tamanho de uma moeda de um euro, no caso de um nó WSSN, numa questão de vinte anos, quão pequenos serão estes nós daqui a vinte anos? Um sensor autossustentável pode ser tão pequeno como cinco milímetros quadrados dentro de dez anos (Figura 2.4) e ainda mais pequeno daqui a vinte anos.

Figura 2.4: Nó de RSSF num futuro próximo [20].

2.2 Nó de sensor sem fios

Os principais componentes de um dispositivo típico de rede de sensores sem fios (RSSF) são apresentados na figura 2.5:

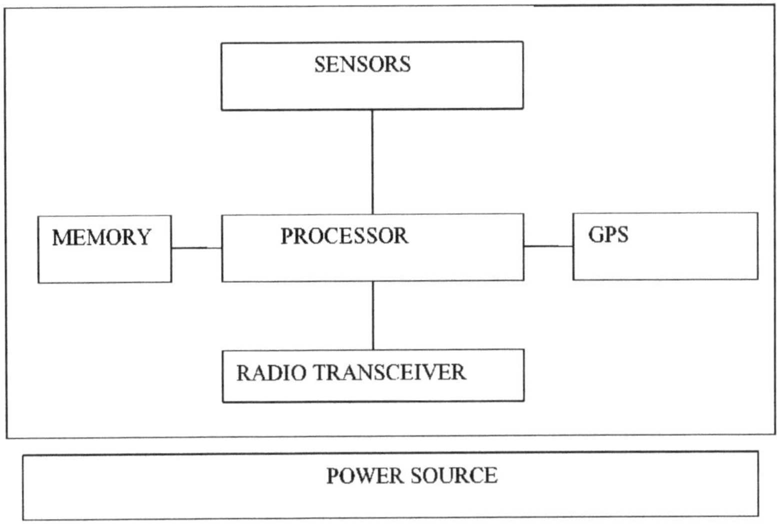

Figura 2.5 Diagrama esquemático de um nó sensor sem fios básico

1. Processador incorporado de baixo consumo: As tarefas computacionais num dispositivo RSSF incluem o processamento de informações detectadas localmente, bem como de informações comunicadas por outros sensores. Devido às limitações económicas desses processadores, os dispositivos executam normalmente sistemas operativos incorporados baseados em componentes especializados, como o TinyOS. Mas se a rede de sensores for heterogénea, alguns nós têm maior poder computacional. Além disso, dada a lei de Moore, os futuros dispositivos WSN podem possuir processadores incorporados extremamente potentes.

2. Memória / Armazenamento: O armazenamento sob a forma de memória de acesso aleatório e de memória só de leitura inclui a memória de programa e a memória de dados. As quantidades de memória a bordo de uma RSSF também são limitadas e espera-se que melhorem com o tempo.

3. Transcetor de rádio: Os dispositivos RSSF incluem um rádio sem fios de curto alcance e baixa velocidade, com uma velocidade de transmissão de 10 a 100 kbps e um alcance inferior a 100 m. É provável que estes rádios melhorem com o tempo. É provável que os custos, a eficiência espetral, a tenacidade e a imunidade ao ruído, ao desvanecimento e às interferências melhorem com o tempo. Melhoria dos custos e da eficiência espetral. Sendo a comunicação por rádio o modo que consome mais energia, o rádio deve incorporar modos de suspensão e

de despertar eficientes do ponto de vista energético.

4. Sensores: Devido a restrições de largura de banda e de potência, os dispositivos WSN suportam principalmente apenas a deteção de baixa taxa de dados. Muitas aplicações exigem deteção multimodal, pelo que cada dispositivo pode ter vários sensores a bordo. Os sensores específicos utilizados dependem muito da aplicação. Podem ser sensores de temperatura, sensores de luz, sensores de humidade, sensores de pressão, acelerómetros. Magnetómetros, sensores químicos, sensores acústicos ou mesmo sensores de imagem de baixa resolução.

5. Sistema de posicionamento geográfico: Em muitas aplicações de RSSF, é importante que todas as medições dos sensores sejam registadas no local. A forma mais simples de obter a localização é pré-configurar as localizações dos sensores no momento da implantação, mas isto só pode ser viável numa implantação limitada, em especial para operações no exterior, quando a rede é implantada de forma ad hoc. Essa informação é facilmente obtida através do Sistema de Posicionamento Global (GPS) baseado em satélites. No entanto, nestas aplicações, apenas uma fração dos nós pode estar equipada com GPS devido a condicionalismos económicos e ambientais. Nesses casos, os outros nós podem obter a sua localização indiretamente através de algoritmos de localização da rede.

6. Fonte de alimentação: O nó sensor sem fios é alimentado por bateria. Nalgumas aplicações é possível recarregar as baterias, mas na maioria dos casos os nós têm uma energia finita.

Assim, um sensor sem fios ideal está ligado em rede e é escalável, consome muito pouca energia, é inteligente e programável por software, capaz de adquirir dados rapidamente, é fiável e preciso a longo prazo, tem um custo reduzido, é fácil de instalar e não necessita de manutenção real. A seleção dos sensores e da ligação de comunicação sem fios ideais requer o conhecimento da aplicação e a definição do problema. A duração da bateria, as taxas de atualização do sensor e o tamanho são considerações importantes na conceção.

2.3 Arquitetura

Para se ter uma ideia do tipo de arquitecturas e sistemas operativos adequados às redes de sensores, damos um exemplo de cada um deles [17] propõe uma arquitetura de middle ware denominada SINA (Sensor Information Networking Architecture). A arquitetura tem os seguintes componentes.

2.4 Agrupamento hierárquico

Os nós sensores são organizados numa hierarquia, com base nos seus níveis de potência e proximidade. É eleito um chefe de agrupamento para desempenhar várias funções com capacidade de reiniciação se o chefe de agrupamento falhar.

2.5 Nomeação baseada em atributos

Os nós sensores são designados com base nos seus atributos. Por exemplo, considere-se um sistema que é utilizado para medir a temperatura num determinado local. Então, o nome [type = temperature, location = n-e, temperature=103] refere-se a todos os sensores localizados no quadrante nordeste com leitura de temperatura de 103F. Assim, eles podem responder quando uma pergunta como "qual área tem uma temperatura superior a 100F" é colocada. Este esquema funciona porque os nós não são, por si só, únicos nem fiáveis. Assim, as aplicações acedem a um determinado elemento de dados nomeando-o diretamente. Esta abordagem tem outra vantagem, na medida em que elimina a necessidade de manter serviços de mapeamento/diretório, o que constitui uma sobrecarga adicional. A maioria dos dados dos sensores está associada ao contexto físico dos fenómenos detectados. Assim, as coordenadas espaciais são uma forma natural de nomear os dados. Este facto torna a localização - determinação da posição do nó num qualquer sistema de coordenadas - um problema importante. A arquitetura SINA propõe a linguagem Sensor Query And Tasking Language (SQTL) como interface de programação entre as aplicações dos sensores e o middleware SINA. A SQTL define três eventos: receber, consultar e expirar. Uma mensagem SQTL constituída por um guião deve ser interpretada e executada por qualquer nó da rede. Os autores descreveram alguns exemplos de aplicações, como a localização coordenada de veículos, que podem ser executadas utilizando os nós construídos com a arquitetura SINA. O Tiny OS [18] é um sistema operativo baseado em componentes, especialmente concebido para redes de sensores. [19] Descreve um modelo de comunicação de mensagens activas com capacidades de ligação em rede.

2.6 Rede de sensores sem fios

Uma rede de sensores sem fios (RSSF) consiste geralmente numa estação de base ou numa porta de ligação que pode comunicar com vários sensores sem fios através de uma ligação de rádio (fig. 2.5). Os dados são recolhidos no nó sensor sem fios, comprimidos e transmitidos à porta de ligação. Os dados transmitidos são então apresentados ao sistema através da ligação à porta de ligação. Devido à atividade coordenada de recolha da informação de um grande número de outros nós, estes têm a capacidade de medir a informação de um grande número de outros nós; têm a capacidade de medir um determinado ambiente físico com grande detalhe. Assim, uma rede de sensores pode ser descrita como um conjunto de nós sensores que se coordenam para realizar uma ação específica. Dependendo da aplicação, os dispositivos WSN podem ser ligados em rede de várias formas. Um nó é referido como um sumidouro para o qual todos os outros nós de origem enviam dados. A mais simples de todas as topologias é a topologia em estrela, em que todos os nós enviam os dados diretamente para o sumidouro. No caso de uma área mais vasta, pode ser utilizada uma estrutura em árvore com vários saltos para a recolha de dados. Os nós intermédios ao longo do percurso podem atuar como nós inteligentes no processamento da rede, não só como reencaminhadores de dados, mas também examinando e processando o conteúdo dos dados que passam por eles para compressão e processamento do sinal, a fim de melhorar a qualidade do sinal.

2.7 Panorâmica das aplicações das RSSF

As redes de sensores têm várias aplicações. Exemplos disso são a monitorização ambiental, que envolve a monitorização do ar, do solo e da água, a manutenção condicional, a monitorização do habitat, a deteção sísmica, a vigilância militar, o acompanhamento de inventários, os espaços inteligentes, etc. As aplicações previstas para as RSSF continuam a ser objeto de investigação e desenvolvimento activos, tanto no meio académico como na indústria.

2.8 Desafios de conceção

As redes de sensores sem fios são interessantes do ponto de vista organizacional, porque apresentam uma série de desafios sérios que não podem ser adequadamente resolvidos pelas tecnologias existentes. Os desafios técnicos devem-se aos seguintes factores:

1. Implantação ad hoc: A maioria dos nós sensores é implantada em regiões que não possuem qualquer infraestrutura. Uma forma típica de implantação numa floresta seria atirar os nós sensores de um avião. Numa situação destas, cabe aos nós sensores identificar a sua conetividade e distribuição.

2. Funcionamento sem supervisão: Na maioria dos casos, uma vez implantadas, as redes de sensores não têm qualquer intervenção humana, pelo que os próprios nós são responsáveis pela reconfiguração em caso de alterações.

3. Sem ligação: Os nós sensores não estão ligados a qualquer fonte de energia. Existe apenas uma fonte finita de energia, que deve ser utilizada de forma optimizada para o processamento e a comunicação domina o processamento em termos de energia, devendo a comunicação ser minimizada tanto quanto possível.

4. Mudança dinâmica: É necessário que um sistema de rede de sensores seja adaptável a mudanças de conetividade, bem como a mudanças de estímulos ambientais, como a adição de mais nós ou a falha de alguns nós.

Ao contrário das redes tradicionais, em que a tónica é colocada na maximização do débito do canal ou na minimização da implantação de nós, a principal consideração numa rede de sensores é prolongar o tempo de vida do sistema, bem como a sua robustez.

2.9 Declaração de foco do livro

A consideração mais importante para uma rede de sensores sem fios é o consumo de energia, embora o conceito de redes de sensores sem fios pareça prático e excitante no papel. Se as baterias tiverem de ser mudadas constantemente, a sua adoção generalizada não se verificará. O maior consumo de energia está a ser atribuído à própria ligação de rádio. Há uma série de estratégias que podem ser implementadas para reduzir a corrente média de alimentação do rádio. Estas podem incluir:

- Reduzir a quantidade de dados transmitidos através da compressão e redução de dados..,
- Reduzir o ciclo de funcionamento do transreceptor e a frequência da transmissão de dados,
- Reduzir a sobrecarga de fotogramas,
- Implementar mecanismos rigorosos de gestão da energia (modo de desativação e de suspensão)
- Implementar uma estratégia de transmissão baseada em eventos; transmitir dados apenas quando ocorre um evento,
- Implementar protocolos de encaminhamento energeticamente eficientes,

O trabalho aqui apresentado analisa as RSSF do ponto de vista da poupança de energia. O encaminhamento, sendo uma das actividades estranhas, é estudado em maior pormenor para se chegar a protocolos de encaminhamento que tenham em conta a energia.

CAPÍTULO 3

APLICAÇÕES E DESAFIOS DE CONCEPÇÃO

3.1 Aplicações

Devido à melhoria dos sensores sem fios em relação aos sensores tradicionais em muitos cenários, as RSSF asseguram uma gama de aplicações. As aplicações incluem a monitorização da saúde dos doentes e a assistência a doentes deficientes, a gestão de inventários, a qualidade dos produtos, a monitorização de zonas sinistradas, a monitorização do habitat ecológico, a monitorização sísmica e as aplicações militares, a monitorização da saúde estrutural e as aplicações industriais. Algumas das aplicações mais utilizadas são:

3.1.1 Monitorização do habitat ecológico

Os estudos científicos de habitats ecológicos, como plantas, animais e microrganismos, são realizados através de actividades práticas no terreno pelos investigadores. Uma preocupação séria nestes estudos é por vezes referida como "efeito do observador" - a própria presença e as actividades potencialmente intrusivas dos investigadores no terreno podem afetar o comportamento dos organismos no habitat monitorizado e, assim, influenciar os resultados observados. As redes de sensores sem fios sem supervisão prometem uma abordagem mais limpa de observação remota para a monitorização do habitat. Além disso, as redes de sensores prometem uma abordagem de observação remota mais limpa para a monitorização do habitat. Além disso, as redes de sensores, devido à sua potencial grande escala e elevada densidade espácio-temporal, podem fornecer dados experimentais de uma riqueza sem precedentes.

3.1.2 Vigilância militar e alvo

Tal como acontece com muitas outras tecnologias da informação, as redes de sensores sem fios tiveram origem principalmente na investigação militar. As redes de sensores não assistidas são consideradas o ingrediente-chave na transição para sistemas de guerra centrados em redes. Podem ser rapidamente implantadas para vigilância e utilizadas para fornecer informações no campo de batalha sobre a localização, o número, o movimento e a identidade das tropas e dos veículos, bem como para a deteção de armas químicas, biológicas e nucleares.

3.1.3 Monitorização estrutural e sísmica

Outra classe de aplicações para as redes de sensores diz respeito à monitorização do estado das estruturas civis [21], que podem ser edifícios, pontes, estradas, etc. Atualmente, o estado dessas estruturas é monitorizado principalmente através de inspecções manuais e visuais ou, ocasionalmente, através de tecnologias dispendiosas e demoradas, como os raios X e os ultra-sons. As técnicas de deteção em rede sem supervisão podem automatizar o processo, fornecendo informações ricas e atempadas sobre fissuras incipientes ou sobre outros danos estruturais. As redes de sensores sem fios podem ajudar a monitorizar o estado de uma estrutura se forem corretamente implantadas durante a construção da estrutura civil, especialmente durante qualquer evento de destruição, como terramotos ou explosões. Uma visão futura convincente para a utilização de redes de sensores envolve a implantação de estruturas controláveis, que contêm actuadores que reagem a informações de sensores em tempo real para efetuar o "cancelamento de eco" em ondas sísmicas, de modo a que a estrutura não seja afetada por qualquer perturbação externa.

3.1.4 Aplicações industriais

Nas instalações de produção industrial, os sensores e os actuadores são utilizados para a monitorização e o controlo de processos, como no processamento e controlo de produtos químicos, em que a temperatura, a pressão e a concentração de produtos químicos podem ser monitorizadas colocando os sensores em diferentes pontos do processo. A informação proveniente dessa monitorização em tempo real pode ser utilizada para variar os controlos do processo, como ajustar a quantidade de um determinado ingrediente ou alterar as definições de aquecimento. A principal vantagem da criação de redes de sensores sem fios nestes ambientes é o facto de poderem melhorar significativamente tanto o custo como a flexibilidade associados à instalação, manutenção e atualização de sistemas com fios [22].

3.2 Desafios de conceção

As redes de sensores sem fios são concebidas de acordo com a área de aplicação. Os desafios de conceção importantes são:

3.2.1 Vida útil alargada:

Como já foi referido, os nós das RSSF estarão, em geral, sujeitos a fortes restrições energéticas devido às limitações das baterias. Dado o custo das baterias e a potencial inviabilidade de monitorizar e substituir as baterias numa rede de grandes dimensões, são desejáveis tempos de vida muito mais longos. Na prática, em muitas aplicações, será necessário garantir que uma rede de sensores sem fios sem vigilância possa permanecer operacional sem qualquer substituição durante vários anos. As melhorias de hardware na conceção das baterias e nas técnicas de recolha de energia apenas oferecerão soluções parciais. É por esta razão que a maior parte dos protocolos de redes de sensores sem fios são concebidos tendo explicitamente como principal objetivo a eficiência energética.

3.2.2 Capacidade de resposta:

Uma solução simples para prolongar o tempo de vida é operar os nós de uma forma cíclica com alternância periódica entre os modos de suspensão e de despertar. Embora a sincronização desses horários de sono seja um desafio em si, uma preocupação maior é que longos períodos de sono arbitrários podem reduzir a capacidade de resposta e a eficácia dos sensores. Nas aplicações em que é fundamental que determinados eventos no ambiente sejam detectados e comunicados rapidamente, a latência induzida pela programação do sono deve ser mantida dentro de limites estritos, mesmo na presença de congestionamento na rede.

3.2.3 Robustez:

A visão das redes de sensores sem fios é proporcionar uma cobertura em grande escala, mas com uma granularidade fina. Este facto motiva a utilização de um grande número de dispositivos pouco dispendiosos. No entanto, os dispositivos baratos podem ser pouco fiáveis e propensos a falhas. As taxas de falha dos dispositivos também serão elevadas sempre que os dispositivos sensores forem implantados em ambientes difíceis ou hostis. A conceção do protocolo deve, por conseguinte, dispor de um mecanismo integrado para garantir a sua robustez. É importante garantir que o desempenho global do sistema não seja sensível a falhas de dispositivos individuais. Além disso, muitas vezes é desejável que o desempenho do sistema se degrade tão graciosamente quanto possível no que respeita às falhas dos componentes.

3.2.4 Sinergia:

A lei de Moore faz com que as capacidades dos dispositivos em termos de capacidade de processamento, memória, armazenamento, desempenho dos emissores-receptores de rádio e mesmo a precisão da deteção melhorem rapidamente. No entanto, se as considerações económicas ditarem que o custo por nó seja reduzido. É possível que as capacidades dos nós individuais continuem a ser, até certo ponto, limitadas. O desafio consiste, por conseguinte, em conceber protocolos sinérgicos que garantam que o sistema no seu conjunto seja mais capaz do que a soma das capacidades dos seus componentes individuais. Os protocolos devem proporcionar uma utilização colaborativa eficiente dos recursos de armazenamento, computação e comunicação.

3.2.5 Escalabilidade:

Para muitas das aplicações previstas, a combinação da deteção de granularidade fina e da grande área de cobertura implica que as redes de sensores sem fios têm potencial para serem extremamente grandes. Os protocolos terão de ser intrinsecamente distribuídos, envolvendo comunicação localizada, e as redes de sensores devem utilizar uma arquitetura hierárquica para proporcionar essa escalabilidade. No entanto, a visão de um grande número de nós continuará a não se concretizar na prática até que alguns problemas fundamentais, como o tratamento de falhas e a reprogramação in situ, sejam resolvidos, mesmo em pequenos cenários que envolvem dezenas a centenas de modos. Existem também alguns limites fundamentais no rendimento e na capacidade que afectam a escalabilidade do desempenho da rede.

3.2.6 Heterogeneidade:

Haverá heterogeneidade de capacidades dos dispositivos em cenários realistas. Esta heterogeneidade pode ter várias consequências importantes a nível da conceção. Por exemplo, a presença de um pequeno número de dispositivos de maior capacidade computacional juntamente com um grande número de dispositivos de baixa capacidade pode ditar uma arquitetura de rede de dois níveis, baseada em agregados, e a presença de múltiplas modalidades de deteção exige técnicas pertinentes de fusão de sensores. Um dos principais desafios consiste frequentemente em determinar a combinação correta de capacidades de dispositivos heterogéneos para uma dada aplicação.

3.2.7 Auto-configuração:

Devido à escala e à natureza das suas aplicações, as redes de sensores sem fios são, por natureza, sistemas distribuídos sem supervisão. O funcionamento autónomo da rede é, por conseguinte, um desafio de conceção fundamental. Desde o início, os nós de uma rede de sensores sem fios têm de ser capazes de configurar a sua própria topologia de rede; localizar-se, sincronizar-se e calibrar-se; coordenar a comunicação entre nós; e determinar outros parâmetros de funcionamento importantes.

3.2.8 Auto-Otimização e Adaptação:

Tradicionalmente, a maioria dos sistemas de engenharia é optimizada a priori para funcionar eficientemente face a condições de funcionamento previstas ou bem modeladas. Nas redes de sensores sem fios, pode haver muitas vezes uma incerteza significativa sobre as condições de funcionamento antes da sua implementação. Nestas condições, é importante que existam mecanismos incorporados para aprender autonomamente com as medições dos sensores e da rede recolhidas através de metodologias de conceção que sacrifiquem algum desempenho. Embora a otimização do desempenho seja muito importante, dadas as graves limitações de recursos nas redes de sensores sem fios, as metodologias de conceção sistemáticas, que permitem a reutilização, a modularidade e a adaptação em tempo de execução, são necessárias por considerações práticas.

3.2.9 Privacidade e segurança:

A grande escala, a prevalência e a sensibilidade das informações recolhidas pelas redes de sensores sem fios dão origem ao desafio final fundamental de garantir tanto a privacidade como a segurança.

3.3 Conclusão

Cada aplicação das redes de sensores sem fios representa um desafio diferente. Quer se trate da conceção de um nó sensor ou das suas redes, temos de ter em conta a capacidade de processamento, o alcance da comunicação, a estratégia de encaminhamento, o controlo do acesso ao meio, a conceção da topologia, tendo em conta o custo, o facto de se tratar de uma aplicação em tempo real ou não e o recurso importante, ou seja, a energia, para manter o nó vivo o máximo de tempo possível.

CAPÍTULO 4

IMPLANTAÇÃO DA REDE

Para um determinado contexto de aplicação, uma região operacional e um conjunto de dispositivos sensores sem fios, como e onde devem ser colocados esses nós? Há dois objectivos para a implantação da rede: cobertura e conetividade. A cobertura é a qualidade da informação específica da aplicação e a conetividade é a topologia da rede sobre a qual se pode efetuar o encaminhamento da informação. A implantação é específica da aplicação. Para uma aplicação específica, é necessária uma implantação diferente, por exemplo, estruturada ou aleatória, com implantação excessiva ou incremental. Outras questões, como os custos do equipamento, as limitações de energia e a necessidade de robustez, também devem ser tidas em conta. Há uma série de questões básicas que devem ser consideradas aquando da implantação de uma rede de sensores sem fios:

- Implantação estruturada versus aleatória: A rede envolve?

a. Colocação estruturada, quer manualmente através de nós robóticos autónomos, quer

b. Implantação aleatória e dispersa?

- Sobre-implantação versus Implantação Incremental:

Para ser robusta contra falhas de nós e esgotamento de energia, a rede deve ser implantada a priori com nós de redundância, ou os nós podem ser adicionados ou substituídos de forma incremental quando necessário? No primeiro caso, a programação do sono é desejável para prolongar o tempo de vida da rede.

- Topologia de rede:

A topologia da rede será uma topologia em estrela simples, ou uma grelha, ou uma malha arbitrária de múltiplos saltos, ou uma hierarquia de clusters de dois níveis? Que tipo de garantias de conetividade robusta são desejadas?

4.1 Implantação estruturada versus aleatória

Antes da implantação de uma rede de sensores, é necessário saber: o número de nós a colocar numa determinada rede, o custo de cada nó, a disponibilidade de nós sensores, o tempo de vida de cada nó, a robustez dos nós sensores e o tipo de aplicação necessária.

4.2 Colocação estruturada

É a colocação manual dos nós. Colocamos o dispositivo sink/gateway num local que fornece a rede com fios e a conetividade eléctrica desejadas. Os nós de sensores são colocados de forma prioritária em locais da área operacional onde são necessárias medições de sensores. Se não soubermos onde as medições dos sensores são necessárias, é adequada uma disposição uniforme tipo grelha. Se o espaço for limitado e/ou o número de nós for limitado, deve ser estabelecido um equilíbrio entre os nós utilizados para a medição e o encaminhamento, a fim de otimizar a utilização do espaço disponível e o número de recursos da rede.

4.3 Configuração aleatória

É mais difícil porque não existe uma configuração a priori da rede. A localização exacta dos nós sensores é desconhecida. Assim, para obter uma melhor conetividade e, por conseguinte, uma melhor medição, é necessário colocar ou pós-colocar um grande número de nós sensores. Agora, para a implantação uniforme, precisamos de saber o número de nós e os parâmetros relacionados, como o alcance da transmissão. No caso de a localização de um determinado fenómeno ser desconhecida, a deteção distribuída permite uma colocação mais próxima do fenómeno do que um único sensor. Em muitos casos, são necessários vários nós sensores para ultrapassar obstáculos ambientais, como obstruções, limitações da linha de visão, etc.

4.4 Topologia de rede

A rede de comunicação pode ser configurada em várias topologias diferentes. A mais simples de todas é a estrela de esperança única mostrada na fig. 1. Cada nó comunica as suas medições diretamente ao gateway; esta abordagem simplifica significativamente a conceção. As limitações desta topologia residem no facto de ter propriedades limitadas de escalabilidade e robustez, por exemplo, para áreas maiores, os nós que estão distantes da porta de ligação terão ligações sem fios de má qualidade. Para áreas e redes maiores, é necessário um encaminhamento multi-salto, dependendo da forma como os nós são colocados. Os nós podem formar uma rede em malha (fig. 4.1) ou podem formar um grafo mais estruturado, como uma estrutura em grelha 2d (fig. 4.2).

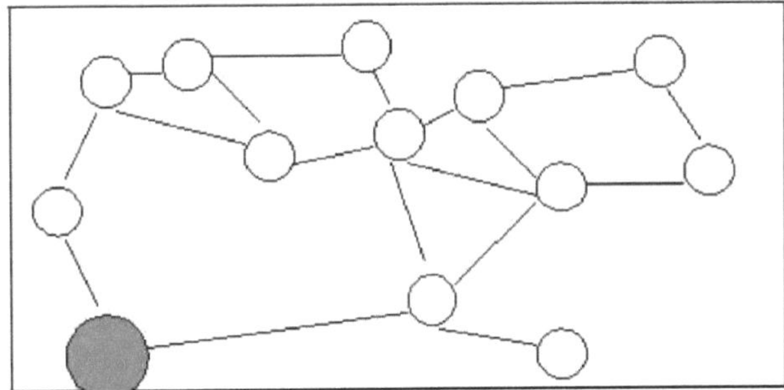

Fig.4.1 Malha plana de múltiplos lúpulos

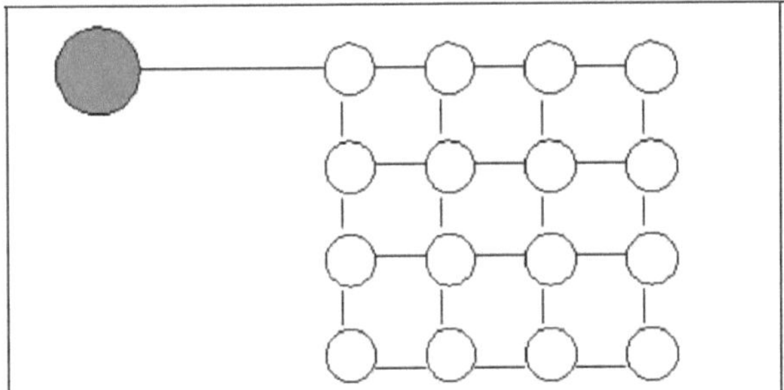

Fig. 4.2 Grelha estruturada

A arquitetura mais atraente para as RSSF é uma arquitetura de implantação em que vários nós respondem a diferentes chefes de agrupamento [23]. Esta abordagem torna-se particularmente atraente em contextos heterogéneos, quando os nós chefes de agrupamento são mais poderosos em termos de computação e comunicação [24, 25]. A vantagem de uma abordagem hierárquica baseada em agregados é o facto de decompor naturalmente uma grande rede em zonas separadas, nas quais a agregação de dados pode ser efectuada localmente pelo chefe do agregado. A comunicação pode ser de um único salto ou de vários saltos. Quando os dados chegam à cabeça de agrupamento, são encaminhados através da rede de segundo nível formada por cabeças de agrupamento para outra cabeça de agrupamento ou gateway. A rede de segundo nível pode utilizar uma largura de banda mais elevada ou pode mesmo ser uma rede com fios. A rede com fios é fácil de construir, mas não para locais remotos. Na implantação aleatória, os chefes de cluster são determinados pelo processo de auto-eleição. A conetividade e a cobertura podem ser melhor analisadas através do gráfico aleatório G (n,R), em que R é o raio e n é o número de nós. Em G (n,R), n nós são colocados aleatoriamente com distribuição uniforme numa área quadrada de tamanho unitário. Existe uma aresta (u,v) entre qualquer apir dos nós u e v e a distância euclidiana entre eles é inferior a R. Para diferentes valores de R e n = 40, cada nó pode ligar-se a outro nó que esteja próximo e o grafo resultante é esparso (fig. 4.3) e para um valor maior de R há mais ligações e resulta numa conetividade densa. Agora, se o parâmetro R de um grafo geométrico for variado em função do número de nós, existem diferentes raios críticos para além dos quais o grafo é ligado com elevada probabilidade. As transições tornam-se mais nítidas à medida que o número de nós aumenta. Dependendo do alcance da transmissão, existe um certo número de nós para além do qual há uma grande probabilidade de a rede ser relevante para implantações aleatórias de redes, uma vez que fornece informações sobre a densidade mínima em que a rede está ligada. O raio crítico de transmissão para a conetividade = O (log n/n)$^{1/2}$ [25]. O raio crítico a partir do qual um grafo aleatório geométrico G(n,R) atinge a propriedade de que todos os nós têm pelo menos K vizinhos é assimptoticamente igual à propriedade de que todos os nós têm pelo menos o grafo atinge a propriedade de conetividade K [26]. Outro modelo de grafo aleatório é o G(n,R), em que os nós são colocados aleatoriamente numa área unitária e cada nó se liga aos seus k vizinhos mais próximos, de tal forma que 0,074logn > k >2,72logn. Diferentes nós podem utilizar diferentes níveis de potência [27]. Outro modelo de grafo aleatório é o modelo de rede de sensores não fiáveis [28]. Neste modelo, os nós são colocados numa grelha quadrada dentro de uma área unitária, PR^2 = O(logn/n) para formar uma topologia ligada, em que P é a probabilidade de o ânodo estar ativo e R é o alcance de transmissão de cada nó. O número máximo de esperanças para viajar de um nó ativo para outro é O(n/logn)$^{1/2}$. Para uma gama de valores de P, de modo a que os nós activos formem uma topologia ligada mas não cubram o quadrado unitário.

4.4.1 Conectividade utilizando o controlo de potência

Independentemente do facto de a implantação ser estruturada ou aleatória, uma vez instalados os nós, existe um parâmetro sintonizável adicional que pode ser utilizado para ajustar a conetividade da rede implantada. O aumento da potência de transmissão via rádio tem uma série de consequências inter-relacionadas, por exemplo, alargar o alcance das comunicações, aumentar o número de nós vizinhos em comunicação e melhorar a conetividade sob a forma de disponibilidade de caminhos de extremo a extremo. Pode induzir interferências adicionais que reduzem a capacidade e introduzem congestionamentos. Pode provocar um aumento da energia utilizada. O controlo da topologia baseado na energia foi desenvolvido para redes ad hoc e sem fios em geral, mas os resultados são centrais para a configuração da RSSF. Muitos protocolos foram sugeridos para desenvolver topologias que minimizem o consumo de energia nos caminhos de encaminhamento, enquanto outros visam minimizar a configuração da transmissão de energia de cada nó, assegurando simultaneamente a conetividade. Estes objectivos não precisam de ser complementares, ou seja, fornecer uma elevada potência de transmissão, limitando potencialmente o tempo de vida da rede devido à partição causada pelo rápido esgotamento da bateria desses nós. No entanto, em condições mais dinâmicas, isso pode não ser um problema, uma vez que o equilíbrio da carga pode ser assegurado através da ativação de diferentes nós em momentos diferentes. Existem vários algoritmos e protocolos que abordam a implantação de RSSF, para manter o consumo de energia no mínimo. Alguns deles são:

4.4.2 Construção de uma rede mínima conectada à energia (MECN)

Considere-se o problema de derivar uma topologia de potência mínima para uma dada implantação de nós sem fios que garanta a minimização da utilização total de energia para cada caminho de comunicação possível. Uma topologia de grafo é definida como sendo de potência mínima se, para qualquer par de nós, existir um caminho no grafo que consuma a menor energia em comparação com qualquer caminho possível. A construção de tal grafo é o objetivo do algoritmo MECN.

4.4.3 Definição da potência mínima comum (COMPOW)

O protocolo COMPOW [29] garante que todos os nós selecionam o nível de potência comum mais baixo que assegura a máxima conetividade da rede. Torna o nível de potência comum em todos os nós baixo

(i) Tornar o sinal recebido em todas as ligações simétrico em qualquer direção

(ii) Pode fornecer uma capacidade de rede assimptótica que é bastante próxima

para a melhor capacidade possível sem níveis de potência comuns

(iii) Um nível de potência baixo proporciona rotas de baixo consumo

(iv) Um nível de potência baixo minimiza a contenção.

4.4.4 Minimizar a potência máxima

Ramanathan e Rosales-Hain [30] apresentam algoritmos centralizados e distribuídos que procuram gerar uma topologia conectada com níveis de potência não uniformes, de forma a minimizar o nível máximo de potência entre todos os nós da rede. Também apresentam algoritmos para garantir uma topologia bi-conectada, minimizando o nível máximo de potência. Esta abordagem é mais adequada para a situação em que todos os nós têm o mesmo nível de energia inicial, uma vez que tenta minimizar a carga de energia no dispositivo mais carregado.

4.4.5 Controlo de topologia baseado em cones (CBTC)

A técnica de controlo topológico baseado em cones (CBTC) [31, 32] fornece uma regra distribuída baseada na direção mínima para garantir que a topologia da rede está ligada, mantendo a utilização de energia de cada um tão pequena quanto possível. Envolve apenas um único parâmetro a, o ângulo do cone. No CBTC, cada nó continua a aumentar a sua potência de transmissão até que pelo menos um nó vizinho em cada cone a ou atinja o seu limite máximo de potência de transmissão. Assume-se aqui que o alcance da comunicação aumenta monotonicamente com a potência de transmissão, o CBTC é mostrado na fig. 4.3. Se a ≤ 5п /6, então a topologia gráfica gerada pelo CBTC está ligada.

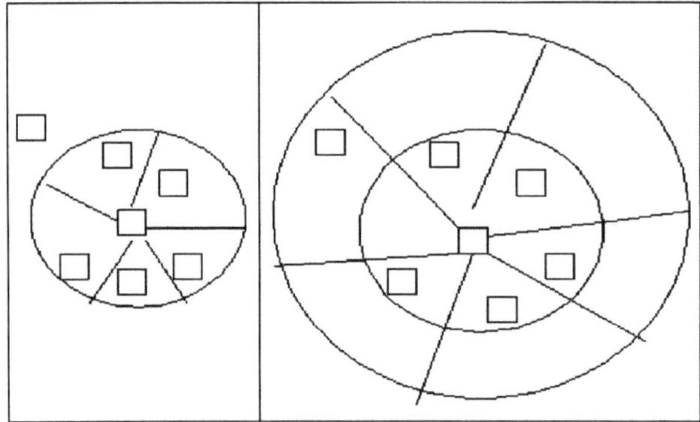

Fig.4.3 Ilustração do controlo de topologia baseado em cones

4.4.6 Construção da árvore de cobertura mínima local (LMST)

Outra abordagem consiste em construir uma topologia de árvore global consistente de uma forma completamente distribuída [33]. Este esquema começa por executar uma construção de árvore de extensão mínima local (LMST) para a parte do grafo que está dentro do alcance visível. O grafo local é modificado com pesos adequados que estão dentro do alcance visível.

O grafo local é modificado para a parte do grafo que está dentro do alcance visível. O gráfico local é modificado com pesos adequados para garantir a unicidade, de modo a que todos os nós da topologia da rede estejam ligados. As técnicas garantem que o grau resultante de qualquer nó é limitado a 6 e tem a propriedade de que a topologia gerada pode ser podada para conter apenas ligações bidireccionais. As simulações mostraram que esta técnica pode ter um desempenho superior ao das técnicas CBTC e MECN em termos de grau médio dos nós [33].

4.5 Implantação móvel

Há vários esforços de investigação que examinaram o problema da implantação com nós móveis. Uma técnica espalha os nós numa área utilizando forças repulsivas virtuais para os afastar uns dos outros [34]. Esta técnica tem a vantagem de ser completamente distribuída e localizada e, por isso, pode ser escalada para números muito grandes. Para obter garantias de conetividade desejáveis, podem ser incorporadas restrições adicionais, tais como a garantia de que cada nó permanece dentro do alcance de K vizinhos [36]. Um protocolo de licitação para a implantação de uma mistura de nós móveis e estáticos é descrito em [37], em que, após um nó inicial, os nós se movem para preencher esses buracos com base em licitações de nós estáticos.

4.6 Conclusão

A implantação de uma rede de sensores pode ter um impacto significativo no seu desempenho operacional e, como tal, exige um planeamento e uma conceção cuidadosos. O objetivo fundamental é a conetividade e a cobertura específica da aplicação. São utilizadas duas estratégias principais para a implantação dos nós: a colocação estruturada e a dispersão aleatória. Para a implantação em pequena e média escala, em que o fator custo do nó é mais elevado, o modo de implantação estruturado é o mais adequado. Para a implantação em grande escala, em que os nós são implantados em milhares, a dispersão aleatória dos nós pode ser mais adequada. Os nós podem ser distribuídos em excesso para garantir a redundância e a robustez ou ser distribuídos gradualmente à medida que os nós falham. Os gráficos geométricos aleatórios oferecem uma metodologia útil para analisar e determinar a densidade e a definição de parâmetros para a implantação aleatória das RSSF. A implantação móvel também pode ser importante para algumas aplicações. As abordagens distribuídas parecem prometedoras para a implantação de nós móveis.

CAPÍTULO 5

LOCALIZAÇÃO

As redes de sensores sem fios têm como objetivo fundamental fornecer informações sobre as caraterísticas espácio-temporais do mundo físico observado. Cada observação individual do sensor pode ser caracterizada essencialmente como uma tupla na forma (S,T,M), em que S é a localização especial da medição, T é o tempo da medição e M a própria medição. A informação sobre a localização dos nós na rede é fundamental por várias razões:

1. Para fornecer carimbos de localização para medições individuais de sensores que estão a ser recolhidas,

2. Para localizar e seguir objectos pontuais no ambiente,

3. Monitorizar a evolução especial de um fenómeno difuso ao longo do tempo, como uma pluma química em expansão. Por exemplo, esta informação é necessária para os algoritmos de processamento de rede que determinam e seguem os limites variáveis de um tal fenómeno,

4. Para determinar a qualidade da cobertura: se as localizações dos nós forem conhecidas, a rede pode acompanhar a extensão da cobertura especial fornecida pelos sensores activos num determinado momento,

5. Conseguir o equilíbrio da carga nos mecanismos de controlo da topologia: Se os nós puderem ser utilizados para desligar seletivamente uma certa percentagem de nós em cada área geográfica para conservar energia, e rodá-los ao longo do tempo para conseguir um equilíbrio de carga,

6. Para formar agrupamentos: As informações de localização podem ser utilizadas para definir uma partição da rede em clusters separados para encaminhamento hierárquico e processamento colaborativo,

7. Para facilitar o encaminhamento da informação através da rede: Existem vários algoritmos de encaminhamento geográfico que utilizam a localização em vez do endereço do nó para proporcionar um encaminhamento eficiente,

8. Proporcionar uma consulta espacial eficiente: Um nó sink ou gateway pode emitir informações de consulta sobre uma localização específica ou regiões geográficas. As informações sobre a localização podem ser utilizadas para definir o âmbito da propagação da

consulta, em vez de inundar toda a rede, o que seria um desperdício de energia.

O problema da estimativa das coordenadas espaciais do nó é designado por localização. Uma solução imediata que nos ocorre é o sistema de posicionamento global (GPS) [38]. Embora a localização não seja um desafio em todas as RSSFs, por exemplo, no caso de uma RSSF cuidadosamente implantada, a localização de cada nó pode ser registada e mapeada para um ID de nó no momento da implantação. A maioria das técnicas de localização depende de técnicas recursivas de trilateração/multilateração [39]. Uma forma de considerar as redes de sensores é considerar a rede organizada como uma hierarquia em que os nós do nível superior são mais complexos e já sabem a sua localização através de alguma técnica (por exemplo, GPS). Os nós que não inferiram a sua posição ouvem as transmissões destas balizas e utilizam a informação das balizas com baixa perda de mensagens para calcular as suas próprias posições. Uma técnica simples seria calcular a sua própria posição. Isto é chamado de localização baseada na proximidade. É bem possível que nem todos os nós tenham acesso aos beacons. Neste caso, os nós que obtiveram a sua posição através da localização baseada na proximidade actuam eles próprios como balizas para os outros nós. Este processo é designado por multilateração iterativa e conduz à acumulação de erros de localização. A maioria dos algoritmos utiliza alguma forma de trilateração. Noutros contextos, pode ser possível obter informações de localização utilizando técnicas existentes de posicionamento por satélite [40] ou por telemóvel [41]. No entanto, estas não são soluções para todos os contextos. O conhecimento a priori da localização dos sensores não estará disponível numa implantação em grande escala e ad hoc. Uma solução GPS pura só é possível se todos os nós da rede estiverem equipados com um recetor GPS e se a zona de implantação tiver uma boa cobertura de satélite. As posições obtidas diretamente a partir dos sistemas celulares podem ser aplicáveis a RSSF densamente implantadas, porque geralmente oferecem uma fraca precisão de localização. Se apenas um subconjunto de nós tiver uma localização conhecida a priori, a posição dos outros nós tem de ser determinada através de uma técnica de localização.

5.1 Trilateração

Consideremos uma pessoa A que quer determinar a sua posição no espaço bidimensional. Suponhamos que A sabe que está a 10 km de um ponto X. Então pode determinar que está em qualquer ponto da circunferência de raio 10 km de um ponto X. Agora, se A também sabe que está a 20 km do ponto Y, pode deduzir que está num dos dois pontos de intersecção em que se encontra, porque só um deles intersecta também a terceira circunferência, como mostra a figura 4.1. O mesmo princípio é alargado ao espaço tridimensional. Quando se utiliza uma técnica de localização que recorre a balizas, uma questão importante seria "quantas balizas iniciais implantar". Demasiados beacons resultam em auto-interferência entre os beacons, enquanto um número demasiado reduzido de beacons significaria que muitos dos nós teriam de depender de multilateração iterativa. Um problema de associação seria decidir o número total de nós sensores necessários numa determinada área, o que determina a densidade da rede:

$\mu(R) = (N.\pi .R2)/A$

Onde N é o número de nós na região da área A cujo alcance nominal é dado por R. Para além de um valor crítico λ, a adição de nós extra não proporciona deteção adicional nem fidelidade de cobertura. Por conseguinte, são necessárias técnicas para decidir a implantação óptima.

5.2 Técnicas de localização

A localização pode ser classificada como: Grão grosso: Normalmente, utilizam um pequeno conjunto de medições discretas, como a informação utilizada para calcular a localização. A informação mínima pode ser a informação perto-distante ou a informação sobre a direção cardinal.

De grão fino: Baseiam-se normalmente em medições, como a potência de RF, a forma de onda do sinal, os registos de tempo, etc., que são de valor real ou discretos com um grande número de níveis de quantização. Estas incluem técnicas baseadas na potência do sinal de rádio, na informação de temporização e nas angulações. Embora as técnicas de informação mínima sejam mais simples de implementar, implicando um menor consumo de recursos e custos de equipamento, proporcionam uma menor precisão.

5.3 Localização de granulometria grosseira Podem ainda ser classificadas como:

1. Proximidade binária: Esta é a técnica básica que decide se os dois nós estão próximos um do outro ou não. Alguns nós são colocados e são conhecidos como nós de referência. Ou os nós de referência emitem beacons ou um nó desconhecido transmite um beacon para ser localizado. Se o nó de referência emite um beacon, este inclui também o ID. O nó desconhecido tem então de determinar qual o nó que está mais próximo dele, o que permite uma localização grosseira ou, em alternativa, se um nó de referência que ouve o beacon utiliza a sua própria localização para determinar a localização do nó desconhecido.

2. Cálculo do centroide: Considerar um conjunto de nós de referência dentro do alcance do nó desconhecido. Sejam n os nós de referência detectados na proximidade do nó desconhecido, com a localização i^th dessa referência denotada por (x_i,y_i). Então, nesta técnica, a localização do nó desconhecido (xu,yu) é determinada como

$$x_u = 1/n \sum_{i=1}^{n} x_i \quad \text{.........................} (5.1)$$

$$y_u = 1/n \sum_{i=1}^{n} x_i \quad \text{.........................} (5.2)$$

Esta técnica simples de centróide foi investigada utilizando um modelo em que cada nó tem um alcance circular simples R numa malha quadrada infinita de nós de referência espaçados a uma distância d [42].

5.4 Localização de granularidade fina

Esta técnica baseia-se em informações pormenorizadas. São utilizadas várias técnicas que incluem a triangulação utilizando estimativas de distância, a correspondência de padrões e a descodificação de sequências. Embora utilizadas no GPS em grande escala, as técnicas básicas de tempo de voo que utilizam sinais de RF não são capazes de fornecer estimativas de distância exactas a curto alcance, típicas das RSSF, devido a limitações de sincronização. Por conseguinte, outras técnicas, como as medições da intensidade do sinal de rádio (RSS) e a diferença de tempo de chegada (TDoA), devem ser utilizadas para a estimativa da distância.

5.5 Estimativa de distâncias utilizando diferenças temporais (TDoA)

Esta técnica é concetualmente muito simples, como ilustrado na fig. 5.1.

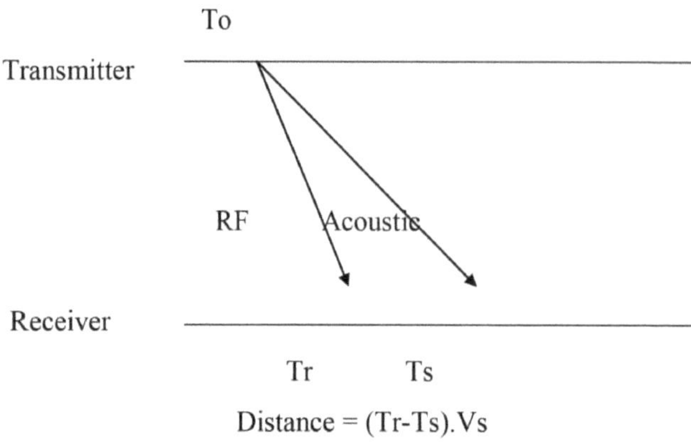

Fig. 5.1 Ranging baseado na diferença de tempo de chegada.

A ideia é transmitir simultaneamente os sinais de rádio e os sinais acústicos (sonoros ou ultra-sons) e medir os tempos Tr e Ts de chegada destes sinais, respetivamente, ao recetor. Uma vez que a velocidade do sinal de rádio é muito superior à velocidade do sinal acústico, a distância é então estimada simplesmente como (Tr - Ts). Vs é a velocidade do sinal acústico. Uma pequena limitação do alcance acústico é o facto de os nós terem de estar bastante próximos uns dos outros e, de preferência, à luz da vista. Os outros problemas desta técnica são que a velocidade do som varia em função de muitos factores, como a atitude, a humidade e a temperatura do ar. Os sinais acústicos também apresentam efeitos de propagação multipartes que podem afetar a precisão da deteção do sinal. A ideia básica é enviar uma sequência de ruído pseudo-aleatório como sinal acústico e utilizar um filtro correspondente para a deteção. Desta forma, a distância pode ser medida até 3 metros.

Existem muitas outras técnicas, tais como: Triangulação utilizando estimativas de distância: Aqui a localização do nó (x0, y0) pode ser determinada com base em estimativas de distância

medidasd^Itonosnósde referência{ (x1,

y1) (xi,yi)(xn,yn)}.Isto pode ser formulado como aleast

problema de minimização dos quadrados. Seja di a distância euclidiana correta aos n nós de referência, i.e:

$di = (xi - x0)^2 + (yi - y0)^2$ .... (5.4)

Assim, a diferença entre a distância medida e a distância real pode ser representada por p =

d^ I - di .... (5.5)

O problema de minimização dos mínimos quadrados consiste em determinar a coordenada (x0, y0) que minimiza

$$\sum_{i=1}^{n} (pi) \quad \text{...(5.6)}$$

Este problema pode ser resolvido utilizando técnicas de descida de gradiente ou técnicas de aproximação sucessiva iterativa, como as descritas em [44]. Estimativa angular: Outra técnica para a localização é a estimativa angular, em vez de estimativas de distância, os ângulos podem ser estimados utilizando balizas direcionais rotativas ou utilizando os nós com um conjunto de receptores RF ou ultra-sónicos em fase. Conforme descrito em [45], uma técnica de localização muito simples, envolvendo três balizas de referência rotativas no limite de uma rede de sensores, fornece localização para todos os nós interiores. Outra técnica é a correspondência de padrões, em que é utilizado um mapa predefinido para a cobertura de sinal em diferentes locais do ambiente. O mapa é utilizado para determinar a localização de um determinado nó, efectuando a correspondência de padrões nas suas medições. Um exemplo desta técnica é o RADAR[46]. Descodificação de sequências RF (ecolocalização) - A técnica de ecolocalização [47] utiliza a ordenação relativa das intensidades dos sinais de rádio recebidos para diferentes referências como base para a localização. Funciona da seguinte forma:

- O nó desconhecido emite um pacote de localização,
- Várias referências registam a sua leitura RSSI para este pacote e comunicam-na a um nó de cálculo comum,
- As leituras múltiplas de RSSI são utilizadas para determinar a sequência ordenada de referências do RSSI mais elevado para o mais baixo,
- A região procurou a localização para a qual a ordenação correta das referências tem a melhor correspondência com a sequência medida. Esta é considerada a localização do nó desconhecido.

Num ambiente ideal, a sequência medida estaria isenta de erros e a ecolocalização devolveria a região de localização correta. No entanto, em ambientes reais, devido aos efeitos de desvanecimento multipercurso, a sequência medida é suscetível de ser corrompida por erros. A melhor correspondência é qualificada derivando as n(n-1)/2 restrições de ordenação aos pares (por exemplo, o nó de referência A à referência B, a referência B está mais próxima da referência C, etc.) em cada localização, e determinando quantas destas restrições são satisfeitas na sequência medida. A localização que fornece o número máximo de restrições satisfeitas é a melhor correspondência.

5.6 Localização em toda a rede

Até ao momento, debruçámo-nos sobre o problema da localização de nós, que consiste em determinar a localização de um único nó desconhecido com base num número de referências próximas. Um problema mais vasto nas RSSF é a localização da rede, em que vários nós da rede têm de ser localizados com alguns nós de referência. O desempenho da localização da rede depende muito dos recursos e da informação disponíveis na rede. São possíveis vários cenários: por exemplo, pode não haver quaisquer nós de referência, pelo que as coordenadas relativas podem ser determinadas para os nós desconhecidos. Algumas abordagens de localização de rede são centralizadas, nas quais todas as informações disponíveis sobre os nós conhecidos e as distâncias entre nós ou outras relações entre nós são fornecidas a um nó central, onde a solução é calculada. Essa abordagem centralizada pode ser suficiente em redes de tamanho moderado, em que os nós da rede precisam ser localizados apenas uma vez, após a implantação. Outras abordagens de localização de rede são distribuídas, muitas vezes envolvendo a comunicação iterativa de informações de localização atualizadas. 5.7 Abordagens de estimativa de distância com vários saltos

Uma abordagem alternativa para a localização de redes utiliza estimativas de distâncias para nós de referência que podem estar a vários saltos de distância [44]. Estas distâncias são propagadas dos nós de referência para os nós desconhecidos utilizando uma técnica de vetor básico. Existem três variantes para esta abordagem:

1. DV-Hop: Nesta abordagem, cada nó desconhecido determina as suas distâncias em relação a vários nós de referência multiplicando o menor número de saltos até ao nó de referência por uma distância média estimada por salto. A distância média por salto depende da densidade da rede e assume-se que é conhecida.

2. Distância DV: Se as estimativas de distância entre nós estiverem diretamente disponíveis para cada ligação no grafo, então o algoritmo do vetor de distância é utilizado para determinar a distância correspondente ao caminho de distância mais curto entre os nós desconhecidos e os nós de referência.

3. Propagação euclidiana: A relação geométrica pode ser utilizada para além das estimativas de distância para determinar estimativas mais exactas para os nós de referência.

Uma vez disponíveis as estimativas de distância de cada nó desconhecido a diferentes nós de referência em toda a rede, pode ser utilizada uma técnica de triangulação para determinar as suas localizações.

5.8 Localização sem referência

Nalguns cenários, podemos deparar-nos com redes de sensores implantadas de forma ad hoc, sem capacidades de GPS, que não têm quaisquer nós de referência. Nesse caso, o melhor que se pode esperar é obter a localização dos nós da rede em termos de coordenadas relativas, em vez de absolutas. Embora um mapa deste tipo não seja útil para a marcação da localização dos dados dos sensores, pode ser bastante útil para outras funções, como a de fornecer a informação necessária para implementar esquemas de encaminhamento geográfico. Rao et al. [48] desenvolveram uma técnica para uma rede onde não há nós de referência e também onde não há estimativas de distância disponíveis. O seu algoritmo é uma progressão destes pressupostos:

1. Todos (e apenas) os nós no limite da rede são nós de referência.
2. Os nós na fronteira sabem que estão na fronteira, mas não são nós de referência.
3. Não existem nós de referência na rede e nenhum nó tem conhecimento de que se encontra na fronteira.

5.9 Conclusão

A determinação da localização geográfica na rede de sensores é essencial para muitos aspectos. O mais importante de todos estes aspectos é saber se uma aplicação o exige ou não. Depois, do ponto de vista do funcionamento do sistema, é essencial para o registo de dados, o rastreio, o processamento de sinais, a consulta, o controlo da topologia, o agrupamento e o encaminhamento. É importante desenvolver algoritmos para cenários em que apenas alguns nós têm uma localização conhecida.

O espaço de conceção do algoritmo é bastante grande. A seleção do algoritmo adequado para uma determinada aplicação e o seu desempenho dependem de vários factores-chave, como a informação sobre as localizações já conhecidas para obter a localização do nó desconhecido. Os algoritmos de localização podem ser classificados em duas categorias

(i) Algoritmo de localização de nós e

(ii) Algoritmo de localização de rede

O algoritmo de localização do nó fornece a localização de um nó desconhecido, enquanto o algoritmo de localização da rede fornece a localização de vários nós desconhecidos.

CAPÍTULO 6

CONTROLO DE ACESSO AO MEIO (MAC)

Os protocolos MAC tradicionais têm de equilibrar o rendimento, o atraso e a equidade, mas os protocolos MAC das RSSF também colocam a tónica na eficiência energética. Isto pode ser conseguido através da comutação periódica entre o "modo de latência" de baixo consumo e o modo ativo. O nó sensor sem fios só estará em modo ativo quando transmitir ou receber dados; caso contrário, estará em modo de latência.

6.1 Protocolos MAC tradicionais

Os protocolos MAC tradicionais podem ser baseados em contenção ou livres de contenção. Os protocolos MAC baseados em contenção têm uma vantagem sobre os protocolos MAC livres de contenção, uma vez que têm taxas de dados baixas, oferecem caraterísticas de latência mais baixas e uma melhor adaptação às variações rápidas do tráfego. Os protocolos MAC clássicos utilizados para o controlo do acesso ao meio são o ALOHA, o Slotted-ALOHA e o CSMA. O CSMA com deteção de colisões é utilizado no IEEE 802.3/Etherenet, mas o CSMA não permite a deteção de colisões em ambiente sem fios devido a dois problemas específicos

(i) Problema do nó oculto

(ii) Problema de nó exposto, como mostrado nas figuras 6.1 e 6.2.

Na fig.6.1, o nó A está a transmitir para o nó B. O nó C, que está fora do alcance de rádio de A, irá sentir que o canal está inativo e iniciará a transmissão de pacotes para o nó B também. Neste caso, o CSMA não consegue evitar a colisão porque A e C estão escondidos um do outro. O problema do nó exposto é mostrado na Fig. 6.2. Aqui, enquanto o nó B está a transmitir para o nó A, o nó C tem um pacote destinado ao nó D. Como o nó C está ao alcance de B, sente que o canal está ocupado e não pode enviar. No entanto, em teoria, como D está fora do alcance de B e A está fora do alcance de C, estas duas transmissões não colidiriam uma com a outra.

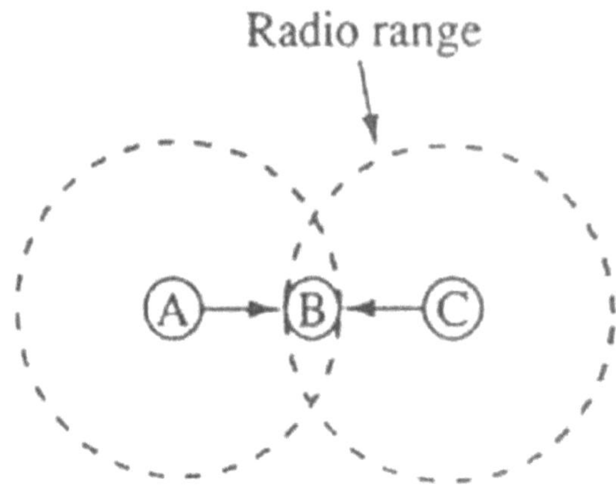

Fig 6.1 Problemas de nós ocultos 4.

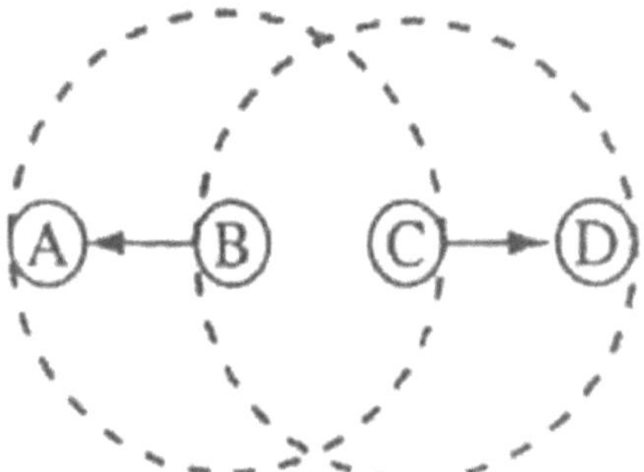

Fig 6.2 Problemas de nós expostos

A transmissão adiada por C provoca um desperdício de largura de banda. De certa forma, estes problemas são duplos: no problema do nó, os pacotes colidem porque os nós emissores não sabem da existência de outra transmissão em curso, ao passo que no problema do nó exposto há uma oportunidade desperdiçada de enviar um pacote devido ao conhecimento errado de uma transmissão não interferente. A principal diferença subjacente é que não é o transmissor que precisa de sentir a portadora, mas sim o recetor. É necessária alguma comunicação entre o transmissor e o recetor para resolver estes problemas.

6.2 Acesso ao meio com prevenção de colisões (MACA)

O protocolo MACA introduz a utilização de duas mensagens de controlo que podem resolver os problemas dos nós ocultos e expostos [49]. As mensagens de controlo são designadas por request to send (RTS) e clear to send (CTS). A essência do esquema é que, quando um nó deseja enviar uma mensagem, ele emite um pacote RTS para o destinatário pretendido. Se o destinatário estiver em condições de receber o pacote, emite um pacote CTS. Quando o remetente recebe o CTS, começa a transmitir o pacote. Quando um nó próximo ouve um RTS endereçado a outro nó, ele inibe sua própria transmissão por um tempo, esperando por uma resposta CTS. Se o CTS não for ouvido, o nó pode iniciar a sua transmissão de dados. Se o CTS for recebido, independentemente de ter sido ou não ouvido um RTS antes, um nó inibe a sua própria transmissão durante um tempo suficiente para permitir que a comunicação de dados seja concluída. Assumindo que não há colisão entre RTS e CTS, assumindo comunicação bidirecional, sem perdas de pacotes e sem efeito de captura. Resolve o problema dos nós ocultos e expostos. A norma MAC IEEE 802.11 [50] está intimamente relacionada com o MACA. O 802.11 pode ser utilizado em infra-estruturas ou de forma ad hoc. O 802.11 pode funcionar em infra-estruturas ou de forma ad hoc. Inclui também dois mecanismos, conhecidos como função de coordenação distribuída (DCF) e função de coordenação pontual (PCF). No PCF, um ponto de acesso central coordena o acesso ao meio através de poling periódico do outro nó para os dados. É particularmente útil para aplicações em tempo real, uma vez que pode ser utilizado para garantir limites de atraso no pior dos casos.

6.3 IEEE 802.15.4 MAC

Esta norma foi concebida para ser utilizada em redes pessoais sem fios de baixa velocidade (LR-WPAN), incluindo aplicações de deteção incorporadas [51]. A maior parte das suas caraterísticas únicas são o modo de ativação de beacons na topologia em estrela. No modo beacon-enabled para a topologia em estrela, o IEEE 802.15.4 MAC usa uma fase de estrutura de superframe como mostrado na fig

6.3 Um superquadro é definido por um sinal de baliza periódico enviado pelo coordenador da PAN. Dentro do superframe, há uma fase ativa para a comunicação entre o nó s e o coordenador PAN e uma fase inativa, que pode ser ajustada em função do ciclo de sono desejado.

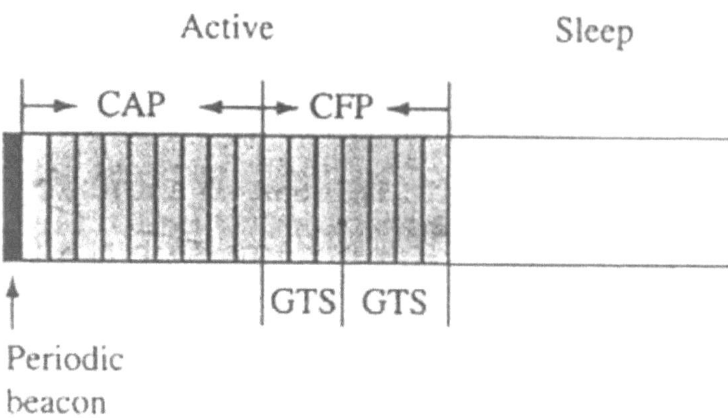

Fig 6.3 A estrutura do superquadro do MAC IEEE 802.14.4

O período ativo tem 16 faixas horárias que consistem em três partes: o sinalizador, um período de acesso de contenção (CAP) e um período livre de colisão (CFP) que permite a atribuição de faixas horárias garantidas (GTS). Os nós que comunicam apenas em faixas horárias garantidas podem dormir e só precisam de acordar imediatamente antes das faixas horárias GTS que lhes foram atribuídas. A comunicação durante o CAP é um algoritmo CSMA_CA simples, que permite um pequeno período de retrocesso para reduzir o consumo de energia de escuta inativa.

6.4 Eficiência energética em protocolos MAC

A eficiência energética é obtida nos protocolos MAC essencialmente através da desativação do rádio para o modo de suspensão sempre que possível, para poupar no consumo de rádio.

6.5 Gestão de energia no IEEE 802.11

Existe uma opção de gestão de energia no modo de infraestrutura para 802.11. Os nós informam o ponto de acesso (PA) quando pretendem entrar no modo de suspensão, de modo a que as mensagens que lhes são dirigidas possam ser armazenadas no PA. Os nós acordam periodicamente para verificar as mensagens armazenadas. A poupança de energia é assim assegurada à custa de um débito inferior e de uma latência mais elevada.

6.6 Sinalização de acesso ao meio com consciência de potência (PAMAS)

O PAMAS [52] é uma extensão da técnica MACA, em que a sinalização RTS/CTS é efectuada num rádio separado (Sleep) sempre que não podem receber nem transmitir com sucesso. Especificamente, entram em sleep sempre que ouvem um vizinho a transmitir para outro nó, ou se determinam, através da sinalização RTS/CTS do canal de controlo, que um dos seus vizinhos está a receber. Se uma transmissão for iniciada enquanto um nó está em modo de suspensão, ao acordar o nó envia sinais de sondagem para determinar a duração da transmissão em curso e quanto tempo pode voltar a dormir. No PAMAS, um nó será colocado em modo de latência quando estiver inibido de transmitir/receber de qualquer forma, de modo que o desempenho da rede em termos de atraso/rendimento no modelo de receção inativa, ou seja, quando um nó não tem [pacotes para enviar e não há atividade no canal.

6.7 Minimização dos custos energéticos da receção inativa

O PAMAS proporciona formas de poupar energia na sobre-audição; é possível poupar mais energia reduzindo as recepções inactivas. O principal desafio consiste em permitir que os receptores adormeçam a maior parte do tempo, assegurando simultaneamente que um nó esteja acordado e a receber quando um pacote que lhe é destinado está a ser transmitido. Com base nos métodos para resolver este problema, existem essencialmente duas classes de protocolos MAC para redes de sensores baseados em contenção. A primeira abordagem é completamente assíncrona e depende apenas da utilização de rádio adicional ou de técnicas periódicas de escuta de baixa potência para garantir que o recetor seja despertado para uma transmissão de entrada que lhe seja destinada. A segunda abordagem, com muitas variantes, utiliza horários de sono periódicos com ciclos de trabalho para os nós. Na maioria das vezes, os horários são coordenados de forma a que os transmissores saibam antecipadamente quando o recetor a que se destinam estará acordado.

6.8 Técnicas de sono assíncronas

Nesta técnica, os nós mantêm normalmente os seus rádios em modo de suspensão por defeito, acordando brevemente apenas para verificar se há tráfego ou para enviar/receber mensagens.

6.8.1 Rádio de despertar secundário

Os nós têm de poder dormir para poupar energia quando não têm qualquer atividade de comunicação e estar acordados para participar em quaisquer comunicações necessárias. A primeira solução é uma conceção de hardware; o rádio primário são os rádios de dados principais, que permanecem adormecidos por defeito. O rádio secundário é um rádio de despertar de baixa potência que permanece sempre ligado. Esta ideia é descrita no projeto de rádio Pico [53]. Se o rádio de despertar de um nó recebe um sinal de despertar de outro nó, responde despertando o rádio primário para começar a receber. Isto garante que o rádio primário só está ativo quando o nó tem dados para enviar ou receber. O pressuposto subjacente que motiva este tipo de conceção é que, uma vez que o rádio de despertar não necessita de efetuar um processamento de sinal muito sofisticado, pode ser concebido para ter um consumo de energia extremamente baixo. Uma desvantagem, no entanto, é que todos os nós no domínio de transmissão do nó transmissor podem estar acordados.

6.8.2 Escuta de baixa potência/amostragem de preâmbulos

EI Hoidyi [54] e Hill e culler [55] desenvolveram independentemente um mecanismo de encontro semelhante para despertar rádios adormecidos. Na sua técnica, referida como amostragem de preâmbulo ou escuta de baixa potência, os receptores acordam periodicamente para detetar o canal. Se um nó desejar transmitir, envia um sinal de preâmbulo antes da transmissão do pacote. Se um nó deseja transmitir, envia um sinal de preâmbulo antes da transmissão do pacote. O sinal de despertar pode potencialmente ser enviado através de uma interface de pacotes de alto nível; no entanto, uma abordagem mais eficiente é implementá-lo diretamente na camada física, pelo que o sinal de despertar pode não ser mais do que um longo impulso de RF. O nó de deteção apenas verifica a energia de rádio no canal para determinar se o sinal está presente ou não.

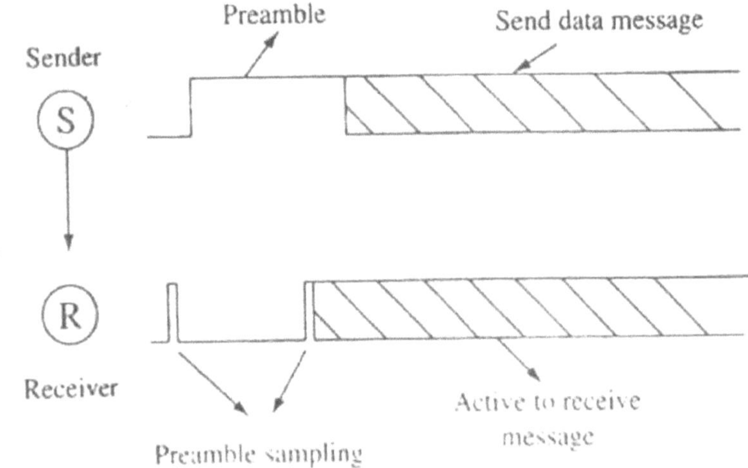

Fig 6.4 Técnica de escuta de baixa potência de amostragem de preâmbulo

6.8.3 Wise MAC

A escuta de baixa potência/amostragem de preâmbulos tem uma potencial deficiência: O longo preâmbulo que o transmissor precisa de enviar pode, em algumas situações, causar uma redução do débito e um desperdício de energia, tanto para o emissor como para o recetor. O protocolo Wise MAC [56] baseia-se na amostragem do preâmbulo para corrigir esta deficiência. Usando conteúdos adicionais de pacotes ACK, cada nó aprende a amostragem periódica para corrigir esta deficiência. Usando conteúdos adicionais de pacotes ACK, cada nó aprende os tempos de amostragem periódica de seus nós vizinhos e usa essa informação para enviar um preâmbulo de despertar mais curto e no momento certo. A duração do preâmbulo é determinada pelo potencial desvio do relógio, desde a última sincronização. Seja Tw o período de amostragem do recetor, ф o desvio do relógio e L o intervalo entre comunicações, então a duração do preâmbulo Tp só precisa de ser:

Tp = min (4Lφ, Tw)

Os pacotes no WiseMAC também contêm um bit "more" que o transmissor usa para sinalizar ao recetor se precisa de ficar acordado um pouco mais para receber pacotes adicionais que lhe são destinados.

6.9 Técnicas de programação do sono

Existem várias técnicas de programação do sono. Algumas delas são descritas a seguir: 6.9.1 Sensor MAC

O protocolo S-MAC [57-58] é um protocolo MAC sem fios concebido especificamente para RSSF. Como mostra a Fig. 6.5, emprega um ciclo periódico, em que cada nó dorme um pouco e depois acorda para escutar durante um intervalo.

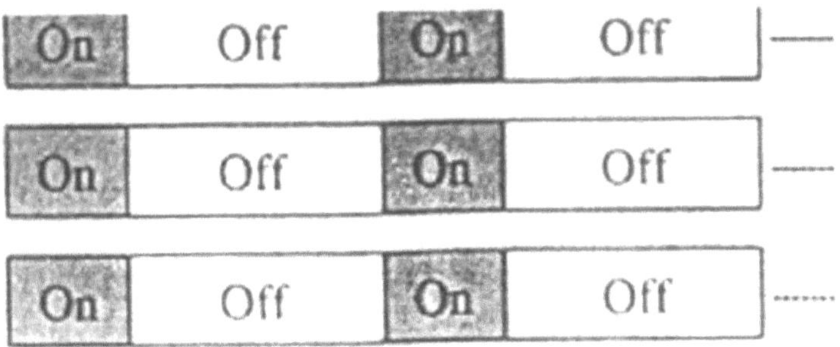

Fig. 6.5 Ciclos de trabalho de suspensão e vigília no S-MAC

O ciclo de trabalho deste programa de escuta-sono, que se assume ser o mesmo para todos os nós, permite uma redução garantida do consumo de energia. Durante a inicialização, os nós permanecem acordados e esperam um período aleatório para escutar uma mensagem que forneça o horário de escuta e sono de um dos seus vizinhos. Se não receberem essa mensagem, tornam-se nós sincronizadores, escolhendo os seus próprios horários e transmitindo-os aos seus vizinhos. Os nós que ouvem o horário de um vizinho adoptam esse horário e são designados por nós seguidores. Alguns nós de fronteira podem ter de adotar vários horários de um vizinho. O nó transmite periodicamente estes horários para acomodar quaisquer novos nós que entrem na rede. Embora os nós devam ainda trocar periodicamente pacotes com os vizinhos para sincronização, esta não é uma grande preocupação porque os períodos de escuta são normalmente muito grandes em comparação com os desvios do relógio. O esquema de horários de sono denominado escuta adaptativa [58] permite que o período ativo tenha uma duração variável, a fim de atenuar, em certa medida, a latência do sono.

6.9.1 Tempo limite MAC (T-MAC)

O timeout MAC (9T-MAC) [59] é um protocolo de serviço semelhante em muitos aspectos ao S-MAC e, tal como a escuta adaptativa, permite a modificação do ciclo de serviço. A duração de cada ciclo é mantida constante, mas o fim do período ativo é determinado dinamicamente pela utilização de um mecanismo de timeout. Se um recetor não receber nenhuma mensagem durante o intervalo de tempo limite, entra em suspensão; se receber uma mensagem, o temporizador recomeça após a receção da mensagem. Esta renovação permite uma adaptação fácil às variações espácio-temporais do tráfego. O esquema T-MAC básico sofre do problema do sono precoce, que pode reduzir o rendimento, especialmente no caso de fluxos unidireccionais. Quando um ânodo tem de ficar em silêncio devido a contenção num determinado ciclo, não pode enviar uma mensagem ao recetor pretendido para interromper o seu timeout. Quando o remetente pode enviar uma mensagem após o fim do período de contenção, o recetor pretendido já está em modo de suspensão. A primeira solução consiste em utilizar uma mensagem de controlo FRTS (future request to send) curta e explícita que pode ser comunicada ao destinatário pretendido, pedindo-lhe que aguarde um período de timeout adicional. A segunda solução é denominada "prioridade de buffer completo", em que um nó prefere enviar a receber quando o seu buffer está quase cheio. Com este esquema, um nó tem maior prioridade para enviar o seu próprio pacote em vez de receber outro pacote, e pode interromper o timeout do seu recetor pretendido.

6.9.2 Mac de recolha de dados (D-Mac)

Para os pacotes que precisam de atravessar vários saltos, tanto o S-MAC como o T-MAC permitem poupar energia à custa de um aumento do atraso. Isto deve-se ao facto de o pacote poder percorrer apenas alguns saltos em cada ciclo antes de chegar a um nó que tem de adormecer. Esta situação é designada por problema de interrupção do encaminhamento de dados. O protocolo D-MAC [60] oferece uma solução específica para este problema, que se aplica apenas a fluxos em árvores de recolha de dados pré-determinadas que sobem dos vários nós da rede para um sumidouro comum. O D-MAC aplica essencialmente uma programação de sono faseada, em que os nós em cada nível sucessivo da árvore seguem uma sequência de receção-transmissão-sono que é deslocada para a direita. Estes ciclos são alinhados de modo a que um nó no nível K esteja em modo de receção quando o nó abaixo na árvore, no nível K+1, está a transmitir, como mostra a figura 6.6.

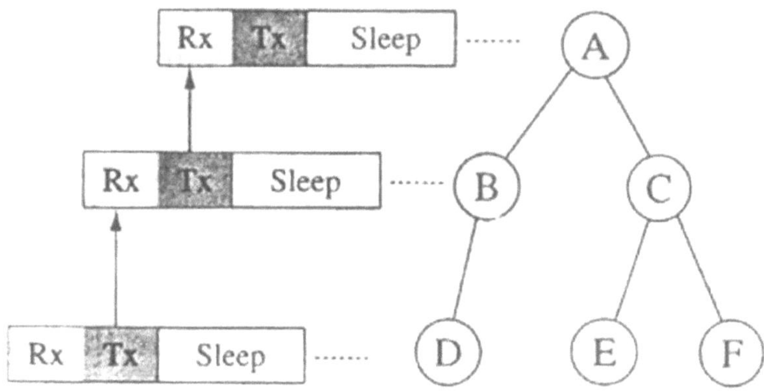

Fig 6.6 O horário de sono escalonado no D-MAC

A programação escalonada do D-MAC tem muitas vantagens: permite que os pacotes de dados e de controlo percorram sequencialmente toda a árvore com um atraso mínimo; permite que os pedidos de extensões adaptativas do período ativo sejam propagados por toda a árvore; reduz as interferências ao separar os períodos activos nos diferentes níveis; e também se demonstra que reduz o número de nós que precisam de estar acordados quando ocorre a adaptação do ciclo. Para lidar com a contenção e a interferência, o D-MAC também inclui componentes opcionais referidos como previsão de dados e utilização de pacotes mais para enviar (MTS).

6.10 Conclusão

O controlo do acesso ao meio nas RSSF tem um duplo objetivo, uma vez que proporciona eficiência energética ao colocar o rádio em suspensão durante a comunicação inativa. A eficiência energética é uma preocupação fundamental nas RSSF a todos os níveis e também ao nível do MAC. É possível poupar uma quantidade significativa de energia evitando a escuta inativa. Outra forma de poupar energia é utilizar rádios de baixo consumo para despertar. Podem fazer-se mais poupanças colocando os nós em ciclos periódicos de suspensão-despertar, como proposto na técnica S-MAC. Para tornar o S-MAC adaptável, são propostas variações no tráfego do T-MAC. O problema do atraso extremo-a-extremo foi abordado no protocolo D-MAC. Uma alternativa importante às técnicas baseadas em contenção acima referidas são os protocolos MAC baseados em TDMA. Mas é trivial que o TDMA tenha de evitar a escuta inativa para garantir a eficiência energética.

CAPÍTULO 7

ROUTING

Para que um pacote chegue ao seu destino, pode ser necessário um certo número de saltos, o que é possível graças à utilização de protocolos de encaminhamento. O protocolo de encaminhamento tem duas funções principais:

1. Determinação de caminhos de encaminhamento óptimos, e
2. Transporte de informações (pacotes).

7.1 Protocolos convencionais

Se for necessário um protocolo de encaminhamento, porque não utilizar o encaminhamento convencional, como o encaminhamento por estado de ligação ou por vetor de distância? Os protocolos de estado da ligação são concebidos para uma topologia estática, ou seja, têm problemas em convergir para um estado estável num ambiente dinâmico. Tanto os protocolos de estado da ligação como os protocolos de vetor de distância são altamente dependentes de mensagens periódicas e, se o número de nós for elevado, resultam numa troca de dados muito grande que afecta recursos como a largura de banda, a energia da bateria e a CPU. A maioria dos protocolos convencionais assume ligações bidireccionais, o que pode nem sempre ser o caso nos ambientes de rádio. Como muitos dos protocolos propostos têm um protocolo de encaminhamento tradicional como algoritmo subjacente, é necessário compreender o funcionamento básico do mesmo.

a) Estado da ligação

No roteamento link-state, cada nó mantém uma visão da topologia completa com um custo para cada link. Para manter esses custos consistentes, cada nó transmite os custos de cada link de saída para todos os outros nós usando flooding. Todos os nós receptores actualizam a sua visão da rede e utilizam o algoritmo do caminho mais curto para escolher o próximo salto para cada destino. Alguns custos de ligação podem não ser actualizados devido ao atraso de propagação e, por conseguinte, dar origem a loops de encaminhamento.

b) Vetor de distância

No encaminhamento por vetor de distância [Malkin et al 1995], cada nó monitoriza o custo das suas ligações de saída, mas em vez de transmitir para cada um dos seus vizinhos. Os nós receptores actualizam as suas tabelas de encaminhamento e utilizam um algoritmo de caminho mais curto para encaminhar os pacotes seguintes. Estes tipos de protocolos são eficientes e mais fáceis de implementar e requerem muito menos espaço, mas provocam protocolos de encaminhamento de curta e longa duração devido à venda de informação.

c) Encaminhamento de origem

O encaminhamento na origem significa que cada pacote deve conter o caminho completo que o pacote deve seguir através da rede. A decisão de encaminhamento é, portanto, tomada na fonte. A vantagem é que é fácil evitar os loops de encaminhamento, embora exija uma ligeira sobrecarga. d) Inundação

Muitos protocolos de encaminhamento utilizam a difusão para distribuir informações de controlo. A origem envia informações aos seus vizinhos (dentro do alcance sem fios) e estes enviam-nas aos seus vizinhos e assim sucessivamente. Um nó só retransmite um pacote uma vez e é utilizado algum tipo de número de sequência para manter o registo dos novos pacotes.

7.2 Classificação dos protocolos

Os protocolos de encaminhamento podem ser classificados [Royer et al 1999] [Ramanathan et al 1996] em diferentes categorias, consoante as suas propriedades:

7.2.1 Centralizado Vs Distribuído

Nos algoritmos centralizados, todas as escolhas de rota são feitas no nó central, enquanto nos algoritmos distribuídos a computação da rota é partilhada entre os nós da rede.

7.2.2 Estático Vs Adaptativo

Nos algoritmos estáticos, a rota utilizada pelo par origem-destino é fixa, independentemente das condições de tráfego. As alterações ocorrem apenas em caso de falha. O rendimento obtido não é elevado numa variedade de padrões de entrada. A maioria das grandes redes de pacotes utiliza algum tipo de encaminhamento adaptativo, em que as rotas podem variar em resposta a um determinado congestionamento.

7.2.3 Reativo Vs Proactivo

Os protocolos pró-activos monitorizam continuamente a topologia da rede, quer esteja a ser utilizada ou não, e as rotas estão imediatamente disponíveis quando necessário, por exemplo, os protocolos de vetor de distância. Os protocolos reactivos invocam um processo de determinação de rotas apenas quando é necessário e, por conseguinte, o atraso registado nos primeiros pacotes é grande, mas não é necessário enviar actualizações periódicas.

7.2.4 Propriedades desejáveis dos protocolos para redes ad hoc sem fios

Se os protocolos de encaminhamento convencionais não satisfazem as nossas exigências, precisamos de um novo protocolo de encaminhamento com as seguintes propriedades:

- Operações distribuídas

Na configuração ad hoc, em que não existem nós centrais, o protocolo de encaminhamento tem de ser distribuído, ou seja, todos os nós participantes têm de contribuir para o protocolo.

- Sem laço

A liberdade de laço é desejada para melhorar o desempenho global, uma vez que evita qualquer desperdício de largura de banda com o consumo de CPU.

- Funcionamento com base na procura

Para minimizar a sobrecarga de controlo, poupar largura de banda e recursos, o protocolo tem de ser reativo.

- Qualidade dos serviços

É necessário incorporar alguma forma de suporte da qualidade do serviço, tendo em conta o tráfego em tempo real que as redes ad hoc vão suportar.

- Encaminhamento seguro

O ambiente de rádio das redes ad hoc torna-as vulneráveis a ataques, pelo que é necessário algum tipo de mecanismo de segurança preventivo. Os protocolos de encaminhamento convencionais têm várias limitações quando são utilizados em redes de sensores, devido ao facto de estas redes terem pouca energia.

- Conservação de energia

Os nós de uma rede ad hoc podem ser computadores portáteis ou PDAs que têm uma potência limitada e, por isso, utilizam algum tipo de modo de espera para poupar energia. é desejável que um protocolo suporte estes modos de espera.

7.3 Redes de sensores sem fios versus redes Ad Hoc

A aplicação de redes de sensores sem fios requer técnicas de rede ad hoc sem fios. Embora tenham sido propostos muitos protocolos para as redes ad hoc sem fios tradicionais, estes não estão bem adaptados às caraterísticas únicas e aos requisitos de aplicação das redes de sensores. Para ilustrar este ponto, as diferenças entre as redes de sensores e as redes ad hoc são:

- O número de nós sensores numa rede de sensores pode ser várias ordens de grandeza superior ao dos nós nas redes ad hoc,
- Os nós sensores estão densamente implantados,
- Os nós emissores estão sujeitos a falhas,
- A topologia de uma rede de sensores muda com muita frequência,
- Os nós sensores utilizam principalmente o paradigma de comunicação por difusão, enquanto a maioria das redes ad hoc se baseia em comunicações ponto a ponto,
- Os nós sensores são limitados em termos de potência, capacidade de cálculo e memória, e
- Os nós de sensores podem não ter uma identificação global (ID) devido à grande sobrecarga e ao grande número de sensores.

7.4 Conclusão

Há muitas formas de classificar os protocolos de encaminhamento. Quase todos os protocolos de encaminhamento podem ser classificados em multigráficos, de consulta, de negociação, de qualidade de serviço (QoS) ou coerentes, consoante o funcionamento do protocolo. Nas redes planas, todos os nós desempenham o mesmo papel, ao passo que os protocolos hierárquicos têm como objetivo a técnica de encaminhamento que agrupa os nós, de modo a que os chefes de agrupamento possam fazer a mesma agregação e redução de dados para poupar energia. A investigação atual sobre o encaminhamento de redes de sensores centra-se sobretudo em protocolos que têm em conta a energia para maximizar o tempo de vida da rede, são escaláveis para um grande número de danos nos sensores e esgotam a bateria. As rotas eficientes em termos energéticos podem ser encontradas com base na energia disponível nos nós ou na energia necessária para a transmissão nas tintas ao longo das rotas.

CAPÍTULO 8

ENCAMINHAMENTO ENERGETICAMENTE EFICIENTE EM WSNS

O encaminhamento de informações em redes de sensores sem fios pode tornar-se robusto e eficiente em termos energéticos tendo em conta uma série de informações de estado disponíveis localmente numa rede, tais como

- Qualidade da ligação: A monitorização periódica da qualidade da ligação é muito útil para tomar decisões de encaminhamento.
- Distância da ligação: No caso de um ambiente com desvanecimento rápido, se a monitorização do link implicar uma sobrecarga demasiado elevada, a distância do link pode ser um indicador útil da qualidade do link e do consumo de energia.
- Energia residual: Para prolongar o tempo de vida da rede, pode ser desejável evitar o encaminhamento através de nós com baixa energia residual.
- Informações de localização: Se estiverem disponíveis informações de localização relativas ou absolutas, podem ser utilizadas técnicas de encaminhamento geográfico para minimizar os custos de encaminhamento.
- Informação sobre mobilidade: A informação registada sobre o nó sensor estático mais próximo de um nó móvel também é útil para o encaminhamento.

8.1 Caraterísticas sem fios

A comunicação sem fios é simultaneamente uma bênção e uma maldição para as RSSF. Por um lado, é fundamental para a sua implantação flexível e de baixo custo. Por outro lado, impõe desafios consideráveis porque a comunicação sem fios é dispendiosa e as condições das ligações sem fios são frequentemente difíceis e variam consideravelmente no espaço e no tempo devido aos efeitos da propagação multipercurso.

8.2 Qualidade da ligação

Dois nós têm uma ligação perfeita (com 100% de taxa de receção) se estiverem dentro do alcance de comunicação R, e uma ligação inexistente (0% de taxa de receção de pacotes) se estiverem fora desse alcance. Este modelo ideal é utilizado em muitos estudos analíticos e de simulação.

Vários investigadores efectuaram estudos experimentais sobre a qualidade das ligações nas

RSSF [61,62,63,64]:

1. O contorno de receção de pacotes formado pela receção em diferentes locais do mesmo transmissor não é regular ou isotrópico.

2. A distribuição da qualidade da ligação com e sem controlo de potência depende muito dos ambientes, por exemplo, os ambientes exteriores apresentam uma pior distribuição da qualidade da ligação do que os ambientes exteriores sem confusão. A mudança do emissor ou do recetor no mesmo local pode alterar a quantidade de ligações.

3. Existem três regiões distintas de qualidade de ligação: uma região de ligação próxima onde as taxas de receção de pacotes são consistentemente elevadas; para além desta, existe uma região de transição onde a receção é altamente variável.

4. Se uma ligação tiver uma taxa de receção de pacotes muito elevada (>99%), então a ligação está firmemente dentro da região conectada e é provável que seja bastante fiável ao longo do tempo.

5. Na região de transição, podem existir ligações de excelente qualidade, apesar de os pares de nós estarem relativamente afastados, e, inversamente, podem existir ligações fracas de fraca qualidade, apesar da relativa proximidade dos pares de nós.

6. Particularmente na região de transição, pode haver um número significativo de ligações assimétricas, ou seja, com uma qualidade de ligação elevada (PRR elevada) numa direção e uma qualidade de ligação baixa na outra direção.

7. O nó da região de transição pode ser bastante significativo em função da região conectada. A largura desta região depende muito do ambiente operacional.

A região de transição é muito preocupante nas RSSF, uma vez que contém ligações de alta variação e não fiáveis.

8.3 Considerações sobre a energia de rádio

Os rádios diferem nos valores absolutos de potência, dependendo da potência de saída e do alcance, mas uma caraterística comum que deve ser observada nos seus custos de energia é que o modo de repouso consome três ordens de potência a menos, enquanto os custos de potência de receção e transmissão variam de 1:1 a 1:2. Segue-se um modelo simples do custo de energia por bit para a comunicação através de uma ligação de distância d:

$E = Etx + Etr = a + bd^n$ (7.1)

O termo independente da distância a representa o custo energético da eletrónica do transmissor e do recetor, b representa uma constante do amplificador de transmissão, enquanto d^n (em que n é o expoente da constante de percurso) capta a amplificação necessária para assegurar uma receção de potência constante no recetor. Uma observação surpreendente feita por Min e Chandrakasn[64] é que, para a maioria dos rádios de curto alcance, $a > bd^n$. Tendo em conta que o termo independente da distância pode dominar o custo de transmissão, concluem que, para rádios práticos de curto alcance, os custos de energia podem não ser reduzidos significativamente percorrendo vários saltos mais curtos com potência de saída reduzida.

8.4 Técnicas de encaminhamento com consciência energética

Vários estudos têm explorado a questão das abordagens de encaminhamento que maximizam o tempo de vida e que têm em conta a energia para as redes ad hoc e de sensores sem fios. Muitos deles baseiam-se na identificação e definição de métricas adequadas de ligações de caminho mais curto, enquanto alguns derivam rotas energeticamente eficientes para uma rede utilizando uma formulação de otimização global.

8.5 Protocolos de encaminhamento no WSNS

Os protocolos de encaminhamento convencionais têm várias limitações quando são utilizados em redes de sensores devido à natureza de restrição energética destas redes. Estes protocolos seguem essencialmente as técnicas de inundação em que um nó armazena o item de dados que recebe e depois envia cópias do item de dados a todos os seus vizinhos. Há duas deficiências principais nesta abordagem. São elas

1. Implosão: Se um nó é um vizinho comum de nós que possuem o mesmo item de dados, então ele receberá várias cópias do mesmo item de dados. Por conseguinte, o protocolo desperdiça recursos ao enviar e receber o item de dados.

2. Gestão de recursos: Na inundação convencional, os nós não estão conscientes dos recursos. Continuam as suas actividades independentemente da energia de que dispõem num dado momento. Os protocolos de encaminhamento concebidos para redes de sensores devem ser capazes de ultrapassar estas duas deficiências e/ou procurar novas formas de conservar energia, aumentando assim a vida útil da rede. Os protocolos de encaminhamento ad-hoc

também não são adequados para as redes de sensores, porque tentam eliminar o elevado custo das actualizações das tabelas quando há uma grande mobilidade dos nós na rede. Mas, ao contrário das redes ad-hoc, as redes de sensores não são altamente móveis. Os protocolos de encaminhamento podem ser divididos em protocolos proactivos e reactivos. O protocolo proactivo tenta manter informações de encaminhamento actualizadas e consistentes entre todos os nós, mantendo uma ou mais tabelas de encaminhamento. No protocolo reativo, as rotas só são criadas quando são necessárias. O encaminhamento pode ser iniciado pela fonte ou pelo destino. Alguns dos protocolos de encaminhamento que foram propostos para as redes de sensores com o objetivo de eliminar os problemas acima referidos são os seguintes

8.6 Protocolos baseados na negociação [65]

Estes protocolos, designados por protocolos SPIN (Sensor Protocols for Information via Negotiation), têm por objetivo disseminar informações entre todos os nós sensores, utilizando descritores de informação para negociação antes da transmissão dos dados. Estes descritores de informação são designados por metadados e são utilizados para eliminar a transmissão de dados redundantes na rede. No SPIN, cada nó sensor também tem o seu próprio gestor de recursos, que controla a quantidade de energia de que o nó em causa dispõe. Antes da transmissão ou do processamento de dados, os nós consultam o seu gestor de recursos para saber se têm ou não energia suficiente. Isto permite que os nós reduzam as actividades quando os seus recursos são baixos, aumentando a vida do nó no processo. A família de protocolos SPIN utiliza três mensagens para a comunicação.

ADV: Quando um nó SPIN tem novos dados, envia uma mensagem ADV aos seus vizinhos contendo meta-dados (descritor de dados).

REQ: Quando um nó SPIN deseja receber alguns dados, ele envia uma mensagem REQ.
DADOS: Trata-se de mensagens de dados efectivos com um cabeçalho de metadados.

Os protocolos seguintes constituem a família de protocolos SPIN.

1. SPIN-PP: Este protocolo foi concebido para ter um desempenho ótimo na comunicação ponto a ponto. Neste tipo de comunicação, dois nós têm comunicação exclusiva entre si sem qualquer interferência de outros nós. Numa rede deste tipo, o custo de comunicação de um nó para comunicar com n nós é n vezes mais caro do que comunicar com um só nó. Este protocolo é um protocolo simples de aperto de mão de 3 vias em que a energia não é considerada uma restrição. Quando um nó tem dados novos, anuncia-os aos seus vizinhos utilizando as

mensagens ADV. Quando um nó vizinho recebe este anúncio, verifica os metadados para ver se já possui o item de dados ou não. Se não tiver, envia uma mensagem REQ a solicitar o item de dados. Após a receção da mensagem REQ, o nó de origem envia mensagens DATA contendo os dados em falta para o nó requerente. Uma das principais vantagens da utilização deste protocolo é a sua simplicidade e o facto de cada nó necessitar apenas de conhecer os seus vizinhos de um único salto e não necessitar de qualquer outra informação sobre a topologia.

2. SPIN-EC: Neste protocolo, os nós sensores comunicam utilizando o mesmo protocolo de aperto de mão de 3 vias que no SPIN-PP, mas é-lhe adicionada uma heurística de conservação de energia. Um nó só participará ativamente no protocolo se estiver acima de um determinado limiar de energia e acreditar que pode completar todas as outras fases do protocolo. Se um nó receber um anúncio, não enviará uma mensagem REQ se não tiver energia suficiente para transmitir uma mensagem REQ e receber a mensagem DATA correspondente.

3. SPIN-BC: Este protocolo foi concebido para redes de difusão em que os nós utilizam um único canal partilhado para comunicar. Quando um nó envia uma mensagem, esta é recebida por todos os outros nós dentro de um determinado intervalo do remetente. Neste protocolo, um nó que tenha recebido uma mensagem ADV não responde imediatamente com uma mensagem REQ. Tem de esperar um certo tempo antes de enviar a mensagem REQ. Quando um nó que não seja o nó anunciante recebe a mensagem REQ, cancela o seu próprio pedido para que não haja pedidos redundantes para a mesma mensagem. Quando o nó publicitário recebe uma mensagem REQ, envia a mensagem de dados apenas uma vez, porque se trata de uma rede de difusão, embora possa ter recebido vários pedidos para a mesma mensagem.

4. SPIN-RL: Este protocolo faz duas alterações ao protocolo SPIN-BC acima. Cada nó mantém um registo de todos os anúncios que ouve e dos nós que os ouvem. Se não receber quaisquer dados solicitados num determinado período de tempo, envia novamente o pedido. De seguida, os nós têm um limite para a frequência com que reenviam as mensagens de dados. Depois de enviar uma mensagem de dados, o ânodo espera um determinado período de tempo antes de reenviar a outros pedidos da mesma mensagem de dados.

8.7 Difusão Dirigida [66]

Este é outro protocolo de disseminação de dados em que os dados gerados pelos nós são nomeados por pares de valores de atributos. Trata-se de uma técnica de encaminhamento reactiva iniciada pelo destino, em que são estabelecidas rotas em toda a rede para dados nomeados por um nó e os dados que correspondem a esse interesse são enviados para esse nó.

Uma caraterística importante do paradigma de difusão de dados é que a propagação de dados e a sua agregação nos nós imediatos a caminho do nó de origem do pedido são determinadas pelas mensagens trocadas entre nós vizinhos a uma certa distância (interações localizadas). Esta descrição é designada por interesse. Os dados que são enviados como resposta a esse interesse são também designados de forma semelhante. O nó que faz a consulta é o nó sink e transmite a sua mensagem de interesse periodicamente a todos os seus vizinhos. Todos os nós têm uma cache de interesses na qual cada item corresponde a um interesse diferente. No entanto, estas entradas não contêm qualquer informação sobre o nó sumidouro. Uma entrada tem vários campos - o campo de registo de data e hora que contém a última mensagem de interesse correspondente recebida, os campos de gradiente que contêm a taxa de dados especificada por cada vizinho e o campo de duração que contém o tempo de vida do interesse. Quando um nó recebe n interesses, verifica a sua cache de interesses para verificar se tem uma entrada. Cria uma se não houver nenhum interesse correspondente e um único campo gradiente é criado em direção ao vizinho do qual o interesse foi recebido. Se o interesse existir, os campos de data e hora e de duração são actualizados na entrada. Um gradiente é removido da sua entrada de interesse quando expira. Um gradiente especifica tanto a taxa de dados como a direção em que os eventos devem ser enviados. Um nó pode enviar um interesse que recebe de alguns dos seus vizinhos, aos quais parecerá que esse nó é o nó de origem. Por conseguinte, há uma difusão de interesses em toda a rede. Um nó sensor que detecte um evento procura na sua cache de interesses uma entrada de interesse correspondente. Se encontrar uma, gera amostras pares à taxa de dados mais elevada que calcula a partir das taxas de eventos solicitadas de todos os seus gradientes de saída. A descrição do evento é então enviada a todos os seus nós vizinhos para os quais tem gradientes. Assim, o sumidouro começa a receber eventos com baixa taxa de dados, quando um evento é observado, possivelmente ao longo de vários caminhos. O sumidouro reforça então um vizinho em particular para obter os eventos de melhor qualidade. Isto pode resultar em mais do que um caminho reforçado e, nesse caso, o caminho com melhor desempenho é mantido e os outros são reforçados negativamente, limitando o tempo de todos os gradientes de elevado débito de dados na rede e reforçando periodicamente o caminho escolhido.

8.8 Encaminhamento consciente da energia

Neste esquema, Rahul Shah et al. propuseram a utilização ocasional de caminhos sub-óptimos para aumentar substancialmente o tempo de vida da rede. Este protocolo é também um protocolo reativo iniciado no destino, como o protocolo de difusão dirigida, com a diferença de que, em vez de manter um caminho ótimo, são mantidos e escolhidos vários caminhos bons através de uma probabilidade que depende do baixo consumo de energia de cada caminho. Assim, um único caminho não esgota a sua energia porque são escolhidos caminhos diferentes em alturas diferentes. Isto garante a degradação graciosa da rede em redes de baixo consumo de energia porque a energia é queimada de forma mais igual em todos os nós. Este protocolo tem as seguintes fases:

Estabelecimento: A ligação é iniciada através de flooding localizado que é feito para descobrir todas as rotas entre a origem e o destino e os seus custos, construindo assim as tabelas de encaminhamento. Os caminhos de alto custo são descartados e os outros são adicionados à tabela de encaminhamento, na qual os nós vizinhos são escolhidos de forma inversamente proporcional ao seu custo.

Comunicação de dados: Os dados são enviados da fonte para o destino utilizando um dos vizinhos na tabela de encaminhamento, sendo a probabilidade de esse nó ser escolhido a mesma que a probabilidade de ser escolhido na tabela de encaminhamento. Desta forma, os nós intermédios reencaminham o pacote para um vizinho escolhido de forma probabilística e isto continua até o pacote chegar ao nó de destino.

Manutenção da rota: O flooding localizado é efectuado a partir da fonte de destino de vez em quando e mantém os caminhos vivos.

8.9 Conclusão

Foram criados vários protocolos por diferentes investigadores que abordam o encaminhamento nas RSSF. Mas a conceção de um protocolo de encaminhamento depende em grande medida da aplicação da RSSF para a qual é utilizado. No entanto, a energia tornou-se uma questão central em quase todos os protocolos de encaminhamento. As técnicas de encaminhamento que têm em conta a energia utilizam métricas que têm em conta o tempo de vida residual dos nós intermédios nos caminhos de encaminhamento. Podem ser melhoradas com encaminhamento probabilístico para proporcionar um certo grau de equilíbrio da carga energética. Foram também utilizadas soluções globais sob a forma de formulações de otimização baseadas em fluxos para analisar fluxos que maximizam o tempo de vida e desenvolver algoritmos distribuídos para um encaminhamento eficiente em termos energéticos. Dado que é provável que os nós de uma rede de sensores disponham, pelo menos, de informação grosseira sobre a sua posição, as técnicas de encaminhamento geográfico, que proporcionam um encaminhamento sem estado e com pouca sobrecarga, podem ser uma opção atractiva. Por último, se os nós também forem móveis, pode ser necessário ter em conta a mobilidade limitada nos nossos protocolos.

CAPÍTULO 9

PROTOCOLOS DE ENCAMINHAMENTO ENERGETICAMENTE EFICIENTES

A investigação sobre o encaminhamento em redes de sensores sem fios tem atraído muita atenção nos últimos anos e trouxe desafios únicos em comparação com o encaminhamento tradicional de dados em redes com fios. Cada protocolo tem uma relação com outros, com algumas caraterísticas semelhantes concebidas com a mesma ideia; muitas caraterísticas são acrescentadas aos novos protocolos [63], pelo que é difícil dizer que um protocolo é melhor do que outro porque as redes de sensores são específicas de cada aplicação. Estamos aqui a comparar alguns protocolos, nomeadamente Flooding, LEACH, PEGASIS, GEAR e MAX.

9.1 Inundações

É uma técnica antiga em que cada nó recebe um pacote de dados e depois envia-o aos vizinhos através de difusão, a menos que seja atingido um número máximo de saltos para o pacote ou que se chegue ao destino do pacote.

9.1.1 Deficiências:

Implosão: Uma situação em que dados duplicados são enviados para o mesmo nó.

Sobreposição: Se dois nós partilham a mesma região de medição, ambos podem sentir o mesmo tempo, o que faz com que os nós vizinhos recebam várias mensagens.

Cegueira de recursos: O protocolo de inundação não tem em conta os recursos energéticos disponíveis. Um protocolo consciente dos recursos energéticos deve ter em conta a quantidade de energia disponível a todo o momento.

9.2 Protocolo de coscuvilhice

É a derivação do Flooding. Estes algoritmos não utilizam a difusão, mas enviam os pacotes recebidos para um vizinho selecionado aleatoriamente, que depois volta a fazer o mesmo e vice-versa. Isto pode evitar a implosão, mas o custo é o longo tempo de propagação para enviar mensagens a todos os nós.

9.2.1 Informação do sensor através de negociação (SPIN):

A informação do sensor através da negociação é um dos primeiros trabalhos a procurar um mecanismo de encaminhamento centrado nos dados. A ideia por detrás do SPIN é nomear os dados como metadados que descrevem de forma exacta as caraterísticas dos dados, o que constitui a principal caraterística do SPIN. O SPIN tem três tipos de mensagens: ADV, REQ e DATA. A negociação de metadados e a adaptação de recursos do SPIN resolvem o problema clássico das inundações, como a implosão, a sobreposição e a falta de recursos, conseguindo uma grande eficiência energética.

9.2.2 Deficiências:

Não escalável, o mecanismo de envio de dados SPINs não pode garantir a entrega de dados.

9.3 Difusão Dirigida (DD)

O algoritmo tem por objetivo diferenciar os dados através dos nós sensores, utilizando um esquema de atribuição de nomes aos dados. A principal razão é eliminar operações desnecessárias de encaminhamento na camada de rede, a fim de poupar energia. Uma vez que a difusão dirigida tem em conta a aplicação, é possível obter poupanças através da seleção de bons caminhos, armazenando e processando dados nas redes.

9.3.1 Deficiências:

Para implementar a agregação, são utilizadas técnicas de sincronização de tempo, o que não é fácil de realizar numa rede de sensores sem fios. Outro problema é a sobrecarga envolvida no registo de informações. Aumento do custo do nó.

9.4 Hierarquia de agrupamento adaptativa de baixo consumo de energia (LEACH)

A hierarquia de agrupamento adaptativa de baixo consumo de energia é um protocolo baseado em agrupamento que utiliza a rotação aleatória dos chefes de agrupamento para distribuir uniformemente a carga de energia entre os nós sensores nas redes. É o algoritmo de encaminhamento hierárquico mais popular para redes de sensores. A ideia é formar grupos de nós sensores com base na intensidade do sinal recebido e utilizar o chefe de grupo local como encaminhador para o sumidouro. Isto permite poupar energia, uma vez que a transmissão só será efectuada pelos chefes de agrupamento e não por todos os nós. Todo o processamento de dados, como a propagação e a agregação, é feito localmente no agrupamento. Os chefes de agrupamento mudam aleatoriamente ao longo do tempo para equilibrar a dissipação de energia dos nós. Esta decisão é tomada pelo nó que escolhe um número aleatório entre 0 e 1. O nó torna-se um chefe de agrupamento para a ronda atual se o número for inferior ao seguinte limiar:

T(n) = { p/1-p(r modl/p) se n pertence a G } 9.1

{0others}

Onde p é a percentagem desejada de chefes de agrupamento, r é a ronda atual e G é o conjunto de nós que não foram chefes de agrupamento nas últimas 1/p rondas. O LEACH está organizado em rondas em que cada uma delas começa com uma fase de preparação mais longa do que a fase anterior. Na fase de estabelecimento do agrupamento, cada nó que não é chefe de agrupamento informa o seu chefe de agrupamento da sua decisão, utilizando o protocolo MAC CSMA. Em seguida, os chefes de agrupamento criam horários TDMA e transmitem-nos aos seus membros na fase de criação de horários. Na fase de transmissão de dados, cada nó espera pela sua vez para enviar dados, se necessário. O LEACH oferece muitas caraterísticas positivas às redes de sensores, tais como a arquitetura de agrupamento, a coordenação localizada e a rotação aleatória dos chefes de agrupamento.

9.4.1 Deficiências:

Não pode ser aplicado a aplicações de tempo crítico. Os nós na rota de um ponto quente para o sumidouro podem drenar energia rapidamente, o que é conhecido como problema do ponto quente.

9.5 Recolha eficiente de energia em sistemas de informação de sensores (PEGASIS)

O Power Efficient Gathering in Sensor Information System é um protocolo de eficiência energética baseado em cadeias e baseado no LEACH. Uma vez que cada nó tem conhecimento global da rede, a cadeia pode ser construída facilmente utilizando um algoritmo guloso. O PEGASIS supera o LEACH eliminando a sobrecarga da formação dinâmica de clusters, minimizando a soma das distâncias que os nós não líderes devem transmitir e limitando o número de transmissões. No entanto, o PEGASIS tem os mesmos problemas que o LEACH. Além disso, requer informações globais da rede conhecidas por cada nó. Não escala bem e não é adequado para redes de sensores onde esse conhecimento global não é fácil de obter.

9.6 Cabeça de agrupamento de energia máxima (MECH)

No LEACH, para os chefes de agrupamento que estão longe da estação de base, a comunicação direta é má para a conservação de energia e a distribuição desigual dos agrupamentos. O MECH resolve estes dois problemas, começando por implicar uma abordagem de encaminhamento hierárquica e alterando o método de construção de agregados, escolhendo um chefe de agregado com base na energia máxima presente no nó em comparação com outros nós presentes nesse agregado.

9.6.1 Deficiências:

As mensagens de controlo são mais elevadas do que no LEACH, porque queremos obter mais informações para construir uma topologia mais uniformemente distribuída e a árvore de encaminhamento hierárquica. O mecanismo de sincronização pode ser dispendioso em termos de equipamento de hardware para os nós sensores.

9.7 Conclusão

Embora tenham sido envidados grandes esforços até à data sobre o problema do encaminhamento nas redes de sensores sem fios, existem ainda alguns desafios que se colocam a uma solução eficaz para estes problemas de encaminhamento. Como o estudo anterior revela, não é possível conceber um algoritmo de encaminhamento que tenha um bom desempenho em todos os cenários e para todas as aplicações.

REFERÊNCIAS

[1] "21 ideas for the 21st century", Business Week, pp. 78-167, 30 de agosto de 1999.

[2] "10 emerging technologies that will change the world", Technology Review, vol. 106,no. 1, pp. 33-49, Fev. 2003.

[3] K. Intae e R. Poovendran, "Maximizing static network lifetime of wireless broadcast ad hoc networks", em Proceedings of the IEEE International Conference on Communications, 11-15 de maio de 2003, Anchorage, EUA, vol. 3, 2003, pp. 2256 - 2261.

[4] W. Heinzelman, J. Kulik e H. Balakrishnan, "Adaptive Protocols for Information Dissemination in Wireless Sensor Networks", em Actas da 5ª Conferência Internacional sobre Computação Móvel e Redes (Mobicom), 15-19 de agosto de 1999, Seattle, EUA, 1999, pp. 174-185.

[5] C. Intanagonwiwat, R. Govindan, e D. Estrin, "Direted diffusion: A scalable and robust communication paradigm for sensor networks," in Proceedings of the 6th International Conference on Mobile Computing and Networking (Mobicom), 6-11 Aug. 2000, Boston, USA, 2000, pp. 56-67.

[6] D. Braginsky e D. Estrin, "Rumor Routing Algorithm for Sensor Networks", em Proceedings of the first Workshop on Sensor Networks and Applications, 28 de setembro de 2002, Atlanta, EUA, 2002, pp. 22-31.

[7] F. Ye , A. Chen, S. Lu e L. Zhang "A Scalable Solution to Minimum Cost Forwarding in Large Sensor Networks," in Proceedings of the IEEE International Conference on Computer Communication and Networks (ICCCN), 15-17 Oct. 2001, Phoenix, USA, 2001, pp. 304-309.

[8] C. Schurgers e M.B. Srivastava, "Energy efficient routing in wireless sensor networks", em Actas da Conferência de Comunicações Militares do IEEE (MILCOM), 28-31 de outubro de 2001, Washington, EUA, vol. 1, 2001, pp. 357-361 .

[9] R. C. Shah e J. Rabaey, "Energy Aware Routing for Low Energy Ad Hoc Sensor Networks," in Proceedings of the IEEE Wireless Communications and Networking Conference, 17-21 Mar. 2002, Orlando, USA, vol. 1, 2002, pp. 350-355.

[10] V. Rodoplu e T. H. Meng, "Minimum Energy Mobile Wireless Networks", IEEE Journal

on Selected Areas in Communications, vol. 17, n.º 8, pp. 1333-1344, agosto de 1999.

[11] S. Servetto e G. Barrenechea, "Constrained Random Walks on Random Graphs: Routing Algorithms for Large Scale Wireless Sensor Networks", em Proceedings of the first International Workshop on Wireless Sensor Networks and Applications, 28 de setembro de 2002, Atlanta, EUA, 2002, pp. 12-21.

[12] L. Li, e J. Y. Halpern, "Minimum-Energy Mobile Wireless Networks Revisited," em Jun. 2001, Helsínquia, Finlândia, 2001, vol. 1, pp. 278-283.

[13] Lewis , F.L., "Wireless Sesor Networks", Smart Environments: Technologies Protocols and Applications , John Wiley,New York,2004.

[14] C. Chong e S. P. Kumar, "Sensor Networks: Evolution, Opportunities, and Challenges", em Proceedings of the IEEE, vol. 91, n.º 8, pp. 1247-1256, agosto de 2003.

[15] S. Mahlknecht, "Projeto WSSN (Wireless Self-sustaining Sensor Network)," 2005,http://www.ict.tuwien.ac.at/wireless/.

[16] S. Mahlknecht e M. Bock, "CSMA-MPS: a minimum preamble sampling MAC protocol for low power wireless sensor networks," in Proceedings of the IEEE International Workshop on Factory Communication Systems (IWFC), 22-24 Sept.2004, Viena, Áustria, 2004, pp. 73-80.

[17] Srisathapornphat,C.Jaikaeo e C.Chien_Chung Shen, "Sensor Information Networking Architecture", International workshops on Parallel processing, páginas 2330,2000.

[18] "TinyOS", http://webs.cs.berkeley.edu/tos/.

[19] D.E. Culler, J.Hill, P.Buonadonna, R. Szewczyk e A.Woo, "A Network Centric approach to Embeded Software For Tiny Devices", EMSOFT 2001: First International Workshop on Embeded Software, outubro de 2001.

[20] Universidade da Califórnia, Berkeley, "A spec of smart dust," 2003, http://www.coe.berkeley.edu/forefront/fall2003/ breakthroughs.html. Último acesso em 3 de agosto de 2005.

[21] N. Xu, S. Rangwala, K. Chintalapudi, D. Ganesan, A. Broad, R. Govindam e D. Estrin, "A wireless Senosr network for Structural Monitoring" (Uma rede de sensores sem fios para monitorização estrutural), Actas da Conferência da ACM sobre sistemas de sensores em rede

incorporados, novembro de 2004.

[22] W.Manges, "It's time for sensors to go Wireless", revista Sensors, abril de 1999.

[23] W.R. Heinzelman, A.L. Murphy, H.S. Carvalho e M.a. Perillo, "Middleware to support Sensor network applications", revista IEEE Network, edição especial sobre tecnologias de middleware para futuras redes de comunicação 18,1, janeiro de 2004, 614.

[24] W.Hu, C.Y.Chou, S.jha, e N.Bulusu, "Actas do primeiro workshop sobre redes de sensores avançados de difusão, outubro de 2004.

[25] P.Gupta e P.R. Kumar, "Critical Power for Asymptotic Connectivity in Wireless Networks", em W.M McEneay et al, Stochastic Analysis, control, Optimization and applications, Birkhauser, 1998,pp. 547-566.

[26] M.Penrose, "On K-connectivity for a Generic random Graph", random Dtructures and algorithms, 15, 2, 1999, 145-164.

[27] F.Xue e P.R.Kumar, "The Number Of neighbors Needed for connectivity of wireless Networks", Wireless Networks, 10, 2, março de 2004, 169-181.

[28] S.Shakkottai, R. Srikant, e N. Shroff," Unreliable Sensor Grids: Coverage, Connectivity and Diameter", Actas da 22nd Conferência Anual Conjunta das Sociedades de Computadores e Comunicações do IEEE, abril de 2003.

[29]S. Narayanaswamy, V. Kawadia, R.S. Sreenivas, e P.R.Kumar, "Power Control In Ad-hoc Networks: Theory, Architecture, algorithm and Implementation of the COMPOW Protocol", Proceddings of the European Wireless Conference - Next Generation Wireless Networks: Technologies, Protocols, services and applications, fevereiro de 2002.

[30] S. Ramanathan, e R. Rosales-Hein, "Topology Control Of Multihop Radio Networks Using transmit Power Adjustment", Actas da IEEE INFOCOM, março de 2000.

[31] R.Wattenhofer, L, Li, V. Bahl e Y.M.Wang, "Distributed topology Control Algorithms for Wireless Networks Revisited", Proceedings of ACM Symposium on Principles of Distributed Computing 0PODC0, agosto de 2001.

[32] L. li,J.Y.Halpern, V.Bahl, Y.M.wang e Wattenhofer, " Analysis of a cone based Distributed Topology Control Algorithms for Wireless networks Revisited", Proceedings of ACM Symposium on principals of Distributed Computing (PODC), agosto de 2001.

[33] N.Li, Hou e L.sha, "Design and analysis of an MST Based Topology Control Algorithm" (Conceção e análise de um algoritmo de controlo de topologia baseado em MST), Actas da IEEE INFOCOM, abril de 2003.

[34] A.Howard, M. mataric, e G.S. Sokhatame, "Mobile sensor Network Deployment Using Potential Fields: A Distributed Scalable solution to the area coverage Problem", Robotic Systems, Springer, 2002, 299-308.

[35] N.Heo nad P.K.Varshney, An Intelligent Deployment and Clustering Algorithm for A Distributed Mobile Sensor Network", proceedings of IEEE International Conference On Systems, Man and Cybernetics, vol. %, outubro de 2000.

[36] S. Poduri e G.S. Sukhatme, "Constraint Coverage for Mobile Sensor Networks", Actas da Conferência Internacional do IEEE sobre Robótica e Automação (ICRA), maio de 2004.

[37] G. Wang, G.Cao, e T. La Porta, "A Bidding Protocol for Deploying Mobile sensors", Actas de 11th IEEE International Conference On network protocols (ICNP) novembro de 2003.

[38] Z.abrams, A. Goel, and S. Plotkin, "Set K-cover algorithm for Energy efficient Monitoring In wireless Sensor Network", Proceeding of IPSN April 2004.

[39] P. Baruah, R. Urgaonkar, e B. Krishanamachari, "Learning Enforced time domain Routing to mobile Sinks In Wireless sensor fields", processo do primeiro workshop do IEEE sobre sensores em rede incorporados, novembro de 2004.

[40] P.Misra e Enge, Global Positioning system: Signal, measurements, and performance, Ganga-Jamuna press, 2001.

[41] S.S.Wang, M.Green, e M.Malkawa, "E-911 Location Standards and Loaction Commercial Services", Proceding of IEEE Emerging Technologies Symposium on Broadband, wireless Internet access, abril de 2000.

[42] N.Bulusu, J.Heidemann e D.estrin, " GPS-Less Low Cost Outdoor Localization for very small Devices", IEEE Personal Communication Magzine, 7,5, outubro de 2000,34-38.

[43] L.Girod e D.Estrin, "robust range estimation using Acoustic and Multimodal sensing", processo IEEE/RSJ IROS, outubro-novembro de 2001.

[44] D.Niculescu e B.Nath, "Ad Hoc Positioning System (APS)", Proceding of the IEEE

Global Communication Conference (GLOBECOM), novembro de 2001.

[45] A.Nasipuri e K.Li, " A Directionality- Based Location Discovery Scheme for wireless Sensor Networks".

[46] P. Bahl e V. N. Padamanabhan, "RADAR: An RF-Based in Building User Location and Tracking system", actas da IEEE INFOCOM, março de 2000.

[47] K.Yedavalli, B.Krishanamachari,S.Ravula, e B.Srinivasan, " Ecolocation: A Sequence-Based technique for RF Localization in Wireless Sensor Networks", Proceedings of IPSN, abril de 2005.

[48] Srisathapornphat, C.Jaikaeo e C.Chien-chung Shen, "Sensor Information Networking Architecture", International Workshops on parallel Processing, Pages 2330,2000.

[49] P.Karn, "MACA: A new Channel Access method for Packet Radio". Procedimentos da 9th ARRL/CRRL Amateur Radio Computer Networking Conference, setembro de 1990.

[50] IEEE 802.11, Norma IEEE para as Tecnologias da Informação - Telecomunicações e Intercâmbio de Informações entre Sistemas de Redes Locais e Metropolitanas - Requisitos Específicos Requisitos Específicos - Parte II: Especificações do Controlo de Acesso ao Meio (MAC) e da Camada Física (PHY) da LAN sem fios, 1999.

[51] IEEE 802.11, Normas IEEE para as tecnologias da informação - Parte 15.4: Wireless Medium Access Control (MAC) and Physical Layer (PHY) Specification for low rate Wireless personal Area Networks (LR-WPANS), 2003.

[52] S.Singh, C.S.Raghavendra, "PAMAS-Power Aware Multi-Access Protocol with Signaling for Ad-hoc Networks", Actas da ACM Mobicom, outubro de 1998.

[53] J.rabaey, M.Josie Ammer, J.L.da Silva,D.Patel e S.Roundy, "Pico radio Supports Ad-hoc Ultra Low Power Wireless Networks," IEEE computer Magzine,33,7,July 2000,42-48.

[54] A.El-Hoiydi, "Aloha with Preamble sampling for Sporadic Traffic in Ad Hoc Wireless Sensor Networks, "Proceeding IEEE Conference on Communication, April 2002.

[55] J.Hill e D.Culler, "Mica: A Wirelcss Platform for Deeply embedded Networks", IEEE Micro, 22,6, novembro-dezembro de 2002, 12-24.

[56] A.El.Hoiydi, e J.D.Decotignie, " WiseMAC: An Ultra Low-Power MAC Protocol for Multihop Wireless Sensor Networks," Proceedings of First Internationa; Workshop on

Algorithmic Aspects of Wireless Sensor Networks, julho de 2004.

[57] W.Ye, G.Zhong, J.Heidmann, e D.Estrin," An energy Efficient MAC Protocol for wireless Sensor Networks," Proceeeding of IEEE INFOCOM, junho de 2002.

[58] W.Ye, J.Heidmann, and D.Estrin, "Medium access Control with Coordinated, adaptive Sleeping for Wireless Sensor Networks" ACM/IEEE Transaction on Networking,12,3, June 2004,493-506.

[59] T.V.Dam e K. Langendeon " An Adaptive energy Efficient MAC protocol for wireless sensor Networks," Proceedings of ACM SenSys, novembro de 2003.

[60] G.Lu., B. Krishnamachari, and C.Rghavendra," An Adaptive Energy Efficient and Low latency MAC for Data gathering in Sensor Networks," proceedings of the 4th International IEEE Workshop on Algorithms for Wireless, Mobile, Ad Hoc and sensor Networks, April 2004.

[61] D.Ganeshan, B. Krishanmachari, A, Woo, D.Culler, D.estrin, e S.Wicker, "Complex Behavior at Scale: Um estudo experimental para redes de sensores sem fios de baixa potência".

[62] J.Zhao e R.Govindan," Understanding Packet delivery performance in Dence wireless Sensor networks," Proceedings of ACM SenSys, novembro de 2003.

[63] A.Woo, K. Whitehouse, F Jiang, J. Polstre e D. Culler, "The shadowing Phenomenon: Implecation of receiving During a Collision", relatório técnico UC Berkley UCB/CSD-04-1313, março de 2004.

[64] R.Min e A. chanderaksan, "yop Five Myths about the energy Consumption of wireless Communication", ACM Mobile Computing and Communication review, janeiro de 2003, 65-67.

[65] C.intanagonwiwat, R. govindan e D.estrin, "Direted Diffusion: A Scalable and robust Communication Paradigm for sensor networks," In proceedinghs of the Sixth annual international Conference on Mobile Computing and Networks, august 2000, Boston, Massachusetts.

[66] R.C Shah e J.Rabaey, "Energy Aware Routing for Low Energy Ad Hoc sensor networks," IEEE Wireless Communication and networking conference (WCNC0, 17-21 de março de 2002, Orlando, Flórida.

Printed by Books on Demand GmbH, Norderstedt / Germany